おかしんだいねぇ！

甘楽弁の世界

知りゃあ知るほど不思議な上州弁

ながれ てんせい

NAGARE Tensei

文芸社

序にかえて『おかしんだいねぇ！ 甘楽《かんら》弁の世界』へ……ようこそ

私の住む上州（群馬県）の甘楽では、いまだに地域のそこかしこで甘楽弁が飛び交っています。

いったい「甘楽ってどこ？」、「どんな所？」とお思いの方が多いのではないでしょうか。実は知る人ぞ知る……人情味あふれる、とっても素敵な所です。

所在は後ほど触れるとして、私の好きなボキャブラリーの一つに、「ぼっとかして」という方言があります。とても甘楽らしい表現です。意味は「偶然に」ということです。「もしかして」に置き換えると、もっと分かりやすいかも知れません。

どうしてそんなにこの言葉が好きかといえば、甘楽人《かんらびと》は古くからこの言葉をよく使ってきました。もう分からないというときに、「ぼっとかして」という方言を使用するのです。そこには、何か人間を超越したような響きさえ感じられます。

あまりふさわしい例でないかも知れませんが、「宝くじが、ぼっとかして当たるかも」という場合、偶然に当たってほしいという強い願いや期待が込められています。購入する誰もが持ち合わせている願望ですが、甘楽ではこれに限らず、何でもかんでも「ぼっとかして」という表現を多用するので、たいへん面白いのです。

甘楽の人々は、いつも夢を抱いていろいろな言葉を駆使し文化を築いてきたのです。よく言葉（方言を含む）は「文化を映す鏡だ」といわれます。現に私たちが使用している言葉の中には、地域に暮らした先祖や先人のさまざまな思いが凝縮されている気がしてならないのです。そこには、先人の言霊《ことだま》（言魂）が宿っていると考えれば、地域の宝である言語をそう簡単に捨て去るわけにはいきません。

そこで私は、日常的に使用している甘楽弁〔方言を含む甘楽の言葉〕を、改めて掘り起こしてみたいと考えました。普段は何気なく会話のツールとして無意識に使用している言葉ではありますが、文字に落とすことのない甘楽弁を書き留めてみると、いろいろな発見があります。自分を再発見したような思いでもあります。

私があやつる甘楽弁は、昭和三十年代（一九五五～六四年）に地域で盛んに使用されていた言葉であり、妻からときどき「何それ？」と失笑されることもあります。

皆さんには、甘楽弁の世界をのぞく中で異文化にも触れ、自分が住む地域の言葉とどんな相違点があるのかを感じ取り、先人が各地域でコツコツと積み重ねてきた文化や言葉を見直す一助となれば幸いです。

二〇二〇年（令和二年）二月十日

ながれ　てんせい

目次

本文イラスト　山口正児

一　いったい「甘楽」ってどんな所

日本列島の中央部に位置する群馬県は、上毛《じょうもう》かるたで『つる舞う形の群馬県』と詠まれています。

日本地図を広げてみると、まるで舞鶴が上空から日本列島を俯瞰《ふかん》しているようです。甘楽は、上州（群馬県）のどの辺りにあるかといいますと、県都前橋市の南西方向で、いわゆる西上州（西毛《せいもう》地域）にあります。鶴の形の右翼に当たります。

歴史をひもとけば、古代の甘楽郡一帯です。古くは群馬郡と甘楽郡に上野国《こうずけのくに》の国衙《こくが》（役所）が置かれていたようです。人口密度が高い場所だったそうです。

中央部を鏑川《かぶらがわ》が流れ、時代によって大きく変遷しますが、最も領域が広いときは、現在の甘楽郡と富岡市を中心に、高崎市の一部や多野郡を包含する一大文化圏だったようです。西上州の半分以上にも及んでいます。

現在の甘楽地域は、清流や滝とトレッキングなどで有名な南牧村《なんもくむら》、ねぎとこんにゃくの名産のほか、ジオパークや荒船山（日本のテーブルマウンテン）などを有する下仁田町《しもにたまち》、世界遺産の富岡製糸場や上州の一之宮が置かれた貫前《ぬきさき》神社、日本三大奇勝の一つ妙義山（下仁田町や安中市も共有）などを擁する富岡市、赤備えを率いた武田二十四将の一人、

群馬県と甘楽の位置（甘楽は都心より100km圏内にあります）

小幡《おばた》氏が拠《よ》った国峰《くにみね》城や織田信長公の子孫が統治した城下町小幡の遺構と、世界かんがい施設遺産に登録されている雄川堰《おがわぜき》などを有する甘楽町《かんらまち》など、一市二町一村があります。

どの市町村も、鏑川とその支流が貫流し、鏑川流域一帯は「甘楽野」（甘楽やつ）とか「鏑の里」と呼ばれてきました。

江戸時代には、鏑川に沿って中山道《なかせんどう》の姫街道（現、国道二五四号）が整備され、甘楽郡と富岡市内を数十キロメートルにわたって延びています。東は藤岡市や高崎市吉井町と接し、西は信州（長野県）の軽井沢町や佐久市などと隣接しています。

甘楽一帯は、一つの文化圏としての結び付きが強く、周辺の文化圏との交流も盛んだったことが歴史上うかがえます。

二　上州弁と甘楽弁

あなたは、『上州弁（群馬弁）』と聞いて、どんなことを思い浮かべるでしょうか。代表的な方言として、よく「だんべ（だんべぇ）」や「べぇ」など「べぇ言葉」が取り上げられることが多いようです。また、上州の風土から生まれる、独特の訛《なま》りや言い回しに特徴があると感じている人もいるかも知れません。どちらの表現も、上州弁の特質を語る上で全く違和感はなく、要点をよく突いていると考えられます。

しかし、それ以外に認知している独自の方言や言葉を求めると、群馬県民や県民と深くかかわっている人間でもない限り、多くを知る人は少ないようです。

それでも、群馬県をよく知る人は、自分の訪れた場所を連想して答える人も多くいます。上毛三山（赤城山・榛名山・妙義山）をはじめ、白根山、谷川岳、浅間山など、温泉地としては草津、伊香保、水上《みなかみ》、四万《しま》、万座など、観光地として右記のほか、富岡製糸場や高崎白衣《びゃくい》観音、碓氷峠《うすいとうげ》のめがね橋、太田市の子育て呑龍《どんりゅう》様、館林《たてばやし》市の分福茶釜の茂林寺《もりんじ》、古代東国の繁栄を示す数多の古墳群や上野三碑など、枚挙にいとまがありません。

では、上州弁とは何でしょうか。一言で述べれば、群馬県全域で使用されてきた方言や言葉の総体であり、各地域で使用されている言葉なども上州弁の一種です。

このような解釈から、甘楽弁は上州弁の一つであり、上州弁と多くの部分で重なり合ってはいますが、少なからず甘楽独特の言い回しや表現なども垣間《かいま》見ることができます。私は、ここでは一つの文化圏である甘楽一帯で使用されてきた特徴的な表現（方言や言葉など）を、甘楽弁と定義します。

私が生まれ育った昭和三十年代は、古くから使われてきた方言や言葉がまだ健在でしたが、テレビなどの普及とともに地域の言葉が急速に失われていく時代でもあります。

私が多用する甘楽弁はその頃に体得したものであり、今でも自身が地域で使っている言葉や、他人との会話の中でみられる個性的な言葉などを中心に取り上げてみたいと思います。

初めて甘楽弁に触れる人にとっては、いったいどこの言葉かと困惑するかも知れませんが、よく聞くと聞き覚えのある言葉も多いのではないでしょうか。

私は言語学者ではありませんので、地域愛好家として甘楽で使用されている独特な言葉などを経験則から述べてみたいと思います。中には他の地域でも同様に使用されている言葉も少なくありません。もしかすると勘違いもあるかも知れません。これまで甘楽一帯で純粋に使用されてきた言葉として捉えていただければ幸いです。

なお、甘楽地域も狭いようで広いのです。一部の地区や集落で使用したすべての言葉を網羅できたわけではありませんので、この点には特に留意してほしいと思います。

三　甘楽弁の特徴

私が生まれ育った群馬県の甘楽一帯で使用されている言葉を中心に、特徴的な言い回しや方言・訛りなどを取り上げて、経験則から解説を加えてみたいと思います。

調べていくと、甘楽の言葉（甘楽弁）は、群馬県内はもちろんのこと、埼玉県西北部や山梨県の甲州弁、栃木県の足利弁などと、たいへん似通ったものがあります。特に埼玉県の児玉弁や秩父弁などをみると、同様に使用されている表現が多いのにびっくりします。また、江戸っ子弁との共通性があったり、西牧道《さいもくどう》や南牧道《なんもくどう》を通じて長野県の佐久地域にも似たような言葉があったりします。文化的なつながりが強かったことが分かります。

大雑把な物言いになりますが、甘楽弁の特徴は、「甘楽一帯で使用される特有の言葉と訛りからなる言い回し（表現）にある」と考えています。

これから取り上げる甘楽弁は、甘楽でよく使用されているものですが、他の地域で同様に使用されている表現も少なくありません。他の地域の方が多少の違和感を覚えたとすれば、それは地域間の差であり、自分の住む地域が際立ってみえるのではないでしょうか。

では、さっそく、甘楽一帯（甘楽郡や富岡市など）でよく使用される代表的な言葉や訛り表現などを、アトランダムに紹介していきたいと思います。

四　甘楽で使用される代表的な表現

【一番】「べぇ言葉」は上州弁・甘楽弁の代表格

上州名物は「かかあ天下と空っ風」といわれますが、上州弁として欠かせない方言に「べぇ言葉」があります。もちろん、甘楽一帯でもよく使用される言葉です。これを抜きにして甘楽弁を語ることはできません。

実際に使用される「べぇ言葉」には、どんな言い方があるのか拾い出してみます。「だんべぇ」をはじめ、「べぇ」や「んべぇ」という表現があります。

まず、「いぐ」という方言を使って適用させてみたいと思います。

上州特有の「いぐだんべぇ」や「いぐべぇ」「いぐんべぇ」とは、いったいどんなときに使用されるのでしょうか。ちなみに「いぐ」は「行く」の訛り方言です。

「行ぐだんべぇ」とは、「行くだろう」や「行くよね」という推量・勧誘表現でありながら、同行を求めるときに使用する言い回しです。

いっぽう、「行ぐべぇ」や「行ぐんべぇ」は、どちらも「一緒に行こう」という意思や勧誘を示す言葉となります。

「だろう」と確認する場合は、動詞の終止形の後に「だんべぇ」を付けると、上州弁や甘楽弁となります。

この中で、上州では「行ぐべぇ」というスマートな言い方が広く使用されています。甘楽では、「行ぐんべぇ」と常用するところに、甘楽弁たる特徴があります。

また、「一緒に行こう」という場合、上州弁や甘楽弁では別の言い方もあります。「行ってんべぇ」といえば、「一緒に行ってみよう」ということになります。

全国の方が聞いたら、いったいどのように使い分けているのか、不思議に思うことでしょう。上州や甘楽のネイティヴはそんな難しいことは考えず、感性に任せて好きな表現を選択しているだけのことです。

さらに、県外の方の頭を混乱させる別表現として、上州弁や甘楽弁では「一緒にやろう」という場合、動詞の終止形や変形に「べぇ」や「んべぇ」を付けるだけで、同じ意味を示すことになります。「話すべぇ」と「話すんべぇ」、「喰うべぇ」と「喰んべぇ」、「すべぇ」と「すんべぇ」など一部変略音になるものもありますが、ほとんどの動詞で同じように使用することができます。

以上は、動詞関係で「べぇ言葉」を取り上げてきましたが、特に「だんべぇ」に限っては、マルチ使用が可能な言い回しであり、名詞や形容詞などにも利用できる便利な表現です。「そうだんべぇ」（そうだろう）、「春だんべぇ」（春だろう）、「テレビだんべぇ」（テレビだろう)、「きれぇだんべぇ」(きれいでしょう)、「おかしいだんべぇ」(おかしいでしょう)というように、さまざまな使い方ができるのです。

変わったところで、「んべぇ」にはこんな別表現もあります。「おもしろかんべぇ」(面白いでしょう)、「とおかんべぇ」(遠いでしょう)、「つよかんべぇ」(強いでしょう)などの言葉で使用することができます。

このように、上州弁や甘楽弁はいろいろな使い方ができるので、慣れればとても便利な訛り方言なのです。

ここまで畳み込まれて聞くと、頭の中が何がなんだか分からなくなってしまった方もいるかも知れません。もやもやを晴らすよい方法があります。「習うより慣れろ」ということわざがあるように、一度甘楽を訪れて地域の人々と触れ合ってみてはいかがでしょうか。

地域の人も初めて出会った人に、いきなり「寄ってぐんだんべぇ」(遊んでいくんだろう)とはいいません。私でもさすがに、最初から方言をさらけ出すようなことはいたしません。その時に「べぇ言葉を知りたい」とでも話せば、気を許して「べぇ言葉の雨あられ」となる甘楽人が多いのではないでしょうか。

話をもとに戻しますが、甘楽には「んべぇ」の使い方として、全く違う用法もあります。「ほんの少し」や「少しばかり」を表す言葉に、「ちっとんべぇ」という方言がよく使われています。この言葉は、「少し」を表す「ちょっと」が「ちっと」という方言になり、

「ちっと」＋「んべぇ」で、「少しばかり」という意味を表しているのです。

今も甘楽やつでは、「ちっとんべぇだけんど、おらんちの畑でとれた野菜を喰うだんべぇ」というような方言が使われています。ちなみに、もと南甘楽郡であった多野郡神流《かんな》町では、「ちっとんべぇ」を「ちっとんびゃぁ」というように使用しています。

【二番】「くたびれる」は上州や甘楽の方言か

甘楽一帯では、「疲れる」というときに「くたびれる」という表現をよく使用します。甘楽人は、まるでわが郷里が生み出した独自の方言のように思い込んでいる者も少なくありません。周りの知人に聞いてみると、十中八九の者が郷土の方言だと答えるのです。「くたびれる」を漢字表記すると、「草臥《くたび》れる」であり、古くから群馬や東京、埼玉、神奈川、千葉などで使用されてきた言葉のようです。「骨折り損の草臥れ儲《もう》け」ということわざがあるように、広い範囲で使われてきた言葉なのです。

国語辞典を引くと、「疲れる」と「古くなってみすぼらしくなる」という二つの意味があります。今でも甘楽では、両方の意味で使用されています。

最近、甘楽の若者の間で「草臥れる」離れが起きています。年配者が「草臥れた」という表現を多用するのに対して、若者は「疲れた」という標準語をよく使うのです。

甘楽でも、「草臥れる」から「疲れる」に推移する世代交代が進んでいます。郷里独自の方言だと考えている「草臥れる」が、だんだんと地域で使用されなくなっていくことは寂しい限りですが、時代の流れと捉えるしかないのかも知れません。

しかし、この言葉は、群馬県では共通語のように、まだまだ各地で使用されています。県内で「草臥れる」という言葉を聞いたからといって、それが甘楽人であるという確証はありません。

【三番】甘楽人の「平気」の使い方

群馬県の中でも、特に甘楽の人々は、「大丈夫」というときに「平気」という言葉を常用しています。別のネイティヴな表現で「あんじゃねぇ」という言い方もありますが、「大丈夫？」と訊《き》かれても、「平気」と答えるのが甘楽人なのです。

「平気」という言葉は全国で使用される標準語ですが、県内では上州弁といっても過言ではないほど多用します。何しろ「平気、平気」という言葉をよく使用するのです。

「疲れていない？」や「痛くない？」「寒くない？」などの問いかけに対して、すべて「平気」という一語で受け答えする場合が多いようです。この言葉を多用する人物は、間違いなく甘楽人、もしくは上州人と考えてよいのではないでしょうか。

【四番】上州弁や甘楽弁の訛りの原則

甘楽一帯でよく使用される言葉に、「けぇる」という表現があります。語源は「帰る」という述語であり、「か」音が「け」音に変化し訛ったものです。

この「けぇる」という表現は、広く群馬県内全域で使用される言葉であり、上州弁の代表格ともいえる訛り表現です。

このほかにも、上州では全域でほぼ共通して使用される訛り表現がたくさんあります。中には一部地域だけで通用するものもあるようです。

私は、甘楽人という立場から甘楽弁の中にみられる訛り表現を取り上げてみたいと思います。そこで注意してほしいことは、すべてが甘楽弁だけにみられる特徴というわけではないということです。上州弁として同様に広く使用されているものも含まれています。

では、基本的な訛りにどんな特徴があるのでしょうか。甘楽弁や上州弁では、「あ」段や「お」段の音が、「え」段の音に変化して訛るということが多いようです。

〔「あ」段の音が「え」段の音に変わる言葉〕

「けぇる」と同じように、「あ」段の音が「え」段に変節して訛る言葉に、「ない」や「たいがい」という言葉があります。「ない」は「ねぇ」と表現し、「たいがい」という言葉は「てぇげぇ」と使用するのです。

こういった上州訛りは、大人であればよく耳にする表現だと考えます。初めて聞く人にとっては、一瞬戸惑ってしまう表現かも知れません。

他の例を示せば、「いたい」は「いてぇ」、「あかい」は「あけぇ」、「かたい」は「かてぇ」、「すっぱい」は「すっぺぇ」、「くさい」は「くせぇ」、「うるさい」は「うるせぇ」など、挙げたら切りがありません。

以上はすべて形容詞表現ですが、このような訛りは、名詞にも適用されるのが甘楽弁や上州弁の特色です。「だいく」は「でぇく」といい、「はい」は「へぇ」、「ちがい」は「ちげぇ」、「ひっくりがえし」は「ひっくりげぇし」と表現されるのです。

「へぇ」については、「灰皿」を「へぇざら」というように、私の好きな「ハイボール」という飲物が昔からあれば、きっと「へぇぼぉる」と呼ばれたことでしょう。

〔「お」段の音が「え」段の音に変わる言葉〕

「赤い」についてはすでに取り上げましたが、色の状態を表す言葉をみていきます。

地元では、「あおい」は「あえぇ」と訛って話し、「きいろい」「しろい」「くろい」などは、「きいれぇ」「しれぇ」「くれぇ」というふうに表現します。どの音も「お」段が「え」段になって訛っていることが分かります。

このような訛りは、江戸っ子弁にも相通じるものがあります。また、日常の話し言葉として他の地域でもよく使用される言い回しです。しかし、甘楽弁では常に訛って使用するところに特徴があります。

さらに、この特徴は他の言葉にも広く適用されることが多く、地域の方言といわれる所以《ゆえん》です。「ほそい」は「ほせぇ」、「ふとい」は「ふてぇ」などがあります。

〔「い」段の音が「え」段の音に、「う」段の音が「い」段の音に変わる言葉〕

ところが、甘楽弁や上州弁にも例外があります。「い」音が「え」音に変わったり、「う」音が「い」音に変化したりするものもあり、こちらの方が全国的には珍しいので、甘楽弁や上州弁の特徴といえるのかも知れません。「いばる」は「えばる」と使い、「さむい」は「さみぃ」、「かるい」は「かりぃ」と発音するのです。

〔「う」段の音が「あ」段の音に変わる言葉〕

甘楽弁では、「喜ぶ」という動詞をもとに「喜ぶだろう」という推量の文にするときに、「ぶ」を「ば」に変えて「喜ばい」と使います。面白いことに福岡弁や熊本弁と同じような表現になっています。

「喜ばい」という言葉は、別の甘楽弁に置き換えると「喜ぶでぇ」となり、同じ意味を表しています。

ほかに、「する」という動詞を「するよ」という意志を表す文にするとき、「る」が「ら」に変わって「すらい」となります。「やる」の場合は、「やらい」（やるよ）と使います。

このような調子で、群馬県人や甘楽人は訛ってまくしたてるので、県外の人からみると奇異に映り、衆目を集めることにもなるのです。私などは、時に羨望《せんぼう》の目で見られているのかと錯覚するほどです。

若者の面子《メンツ》のために付け加えますが、現在の若者は県外デビューを果たした際にほとんど上州訛りを使用しません。実際はよく言葉を選んで話しているのです。しかし、時に思わずぽろりと染みついたくせが出てしまうことはあるようです。

また、「熱い」という言葉は、地元ではもっぱら「あっちぃ」という表現で使用されています。「痛い」という感覚のときにも、とっさに「あっちぃ」を使用することがあります。

寒い余談かも知れませんが、江戸時代の盗賊・鼠《ねずみ》小僧次郎吉は、小幡藩（甘楽町小幡に置かれた藩）の江戸屋敷に忍び込んで御用となりました。市中引き回しの際に「いてぇ」あるいは「あっちぃ」と叫んだか否かは、甘楽人にとって最も知りたい謎です。

【五番】「ねぇ」には二通りの意味がある

甘楽でよく使用される表現に「ねぇ」があります。この「ねぇ」には、否定を表す「ない」という意味で使用される場合と、「ね」と念を押すときに使用される場合があります。

単純に「知らねぇ」といえば「知らない」ということであり、「知らねぇよ」に「ねぇ」を添えると、「知らねぇよねぇ」という言葉が完成します。この場合の語尾になっている「ねぇ」は否定の「ねぇ」ではなく、「ね」に相当する語で、「知らないよね」という意味になります。このように、甘楽弁の「ねぇ」には二通りの使い方があります。

しかし、この使用法は甘楽弁だけでなく、広く上州弁としても使用されているのです。全国的によく認知されている「ねぇ」ですが、上州人や甘楽人がその語を使ったからといって、すべて「無い」を示す「ねぇ」を使っているわけではありません。

「江戸っ子は宵越しの金は持たねぇ」という故事ことわざがあります。一般的には「持たない」と解釈されます。私のように甘楽人がうっかり聞き損なうと、「持ったねぇ」（持ちましたね）という疑念も成立します。

【六番】「ぼっとかして」という超越した言葉

冒頭で取り上げた言葉ですが、甘楽人は、自分ではどうにもならないときや自分勝手に推測するときに、「ぼっとかして」という表現をよく使用します。言葉の意味は「偶然に」とか「もしかすると」ということになります。

いつの時代でも偶然に期待することはよくあります。「ぼっとかして」という言葉は、地域独自の方言として輝きがあり、偶然に期待する言葉として、誠に味わいのある不思議な言葉だと考えています。

先祖や地域の人々は、根拠があまり見出せないときに、そんな言葉を使って予測したのでしょう。「当たるも八卦《はっけ》、当たらぬも八卦」という気持ちであったに違いありません。

私の故郷ではまだまだ健在で、よく使用される方言の一つです。

なお、この言葉は、「ぼっとかすると」という表現で使用されることもあります。

【七番】「みちょう」という言葉

甘楽地域には、「みちょう」という特異な方言があります。この四文字を見て理解できるのはネイティヴだけであり、ほとんどの人は理解不能だと考えられます。

例を挙げて説明しますが、「うそみちょうなほんとの話」といえば、「うそみたいな本当の話」ということになります。「うそみちょう」とは、共通語で「うそみたい」や「うそらしい」という意味になります。

また、甘楽弁では、別の表現として「うそみてぇ」と話すこともあります。「うそみてぇ」という言葉は、「うそみちょう」と同じくらい使用される方言です。

この二つの表現を知らない人と会話する場合、うっかり「うそみちょう」や「うそみてぇ」を使ったら、「何それ?」と笑われてしまうのが関の山です。甘楽や上州ならではの独特な訛り方言です。妻は絶対使いたくない方言の一つだと嫌っていますが、愛着を感じているのは私だけでなく、少なからずいるのではないでしょうか。

しかし、「うそみたい」を表す言葉はこれだけに留まらず、甘楽弁では、さらに三種類の別表現があります。「うそげ」(うそらしい)や「うそっけぇ」(うそっぽい)、「うそっぺぇ」(うそっぽい)も同様に使用されています。

「うそみちょう」や「うそみてぇ」を使うか、「うそげ」や「うそっけぇ」「うそっぺぇ」を使うかは、方言愛好者のお好み次第ということになりそうです。

このように、甘楽弁には一つの意味を表す言葉として何通りもの言い方があり、私の場合は、その時の雰囲気や気まぐれでどの表現も使うようにしています。

【八番】甘楽人は「ちゃう」表現がお好き

この言葉は、例えば「ドキドキしちゃう」など、全国的に使用される表現です。

しかし、甘楽人は、この表現をわが地域の方言のごとく、日常よく使っちゃう表現です。とても使い勝手のよい表現であり、私たちは動詞の後に「ちゃう」を付ければ、簡単に「してしまう」という意味の文章を作ることができるのです。

「喰っちゃう」といえば「喰ってしまう」ということであり、「喋っちゃう」は「喋ってしまう」という意味になります。ほかにも「しちゃう」「やっちゃう」「できちゃう」「あげちゃう」など、とにかくネイティヴはのべつ幕なしに使うのです。

ところが、関西地方では「違う」という意味で使用される場合がほとんどで、あまり「してしまう」という意味では利用しないようです。

学生時代に、私は大阪の友人から違う使い方をする「ちゃう」という言葉を不思議がられ、よく真似をされることがありました。

私も上州のネイティヴとして負けずに、「ちゃうんとちゃうかぁ」と返したのが、今ではとてつもなく懐かしい記憶です。

【九番】甘楽人はキツネかと思われるほど「こん」が好き

甘楽人は、言葉の端々で「こん」をよく使用します。他の地域に住む人が聞くと、甘楽人はキツネかと思うのではないでしょうか。

何しろ「こんなこんで」「そんなこんで」「あんなこんで」という言い方を多用するので、たいへん不思議に思われるのです。

甘楽弁の「こん」は、もともと「こと」という意味ですが、他の語と結合して一つの言葉を構成するとき、他の語を引き立てる力をもっているようです。

つまり、ネイティヴが「そんなこんで」と話した場合、そのまま意味をとれば「そんなことで」ということになりますが、実際には「それくらい（のこと）で」という意味で使用しているのです。甘楽人は「もうこれくらいでいいだろう」というとき、「もうこんなこんでよかんべぇ」と使用します。

【十番】主語に付く「は」の言い方

甘楽人は、「〇〇は」という代わりに「は」を使わず、別の表現をします。

実例を挙げれば、「おれは」というべきときに、「おらぁ」または「おりゃぁ」と語尾変化させて話します。「私は」という場合は「わたしゃぁ」となり、「価値は」というときには「かちゃぁ」というのです。

古い表現に、相手を呼ぶ場合、「おにし」や「おにしゃ」（おぬし）という言い方があります。「おにしは」は「おにしゃぁ」と使っていたようです。

また、今ではほとんど使用しませんが、「おみゃぁ」というときに「おめぇぁ」というのです。こうなると、名古屋弁の「おめぇは」と相通じるものを感じます。

しかし、このような使用法は名詞であれば何にでも当てはまるのかと考えると、該当するものはなかなか見つかりません。限定された言葉のみのようです。

では、この使用法は一般動詞にも適用できるのかを考えてみたいと思います。

やはり限定的ではありますが、普段使用している例を挙げてみると、「知りゃぁしねぇ」は「知りはしない」という意味であり、「読みゃぁしねぇ」は「読みはしない」ということになります。動詞を名詞化した後、「しない」という否定形が付く場合のみ当てはめることができるようです。

ところが、後付けが肯定形になった場合、言葉としては成立しますが、意味合いは若干変わってきます。「知りゃぁいい」は「知ればいい」であり、「読みゃぁいい」は「読めばいい」というように、「○○ば」という意味になってしまいます。

以上のように、「は」または「ば」をはっきりと発音しない表現方法は、甘楽だけでなく、広く全国のあちこちで使用されていたようです。今では使用される地域も激減し、使い手が珍しい状況になっているのかも知れません。

しかし、甘楽ではいまだ健在でよく使用される言い回しです。私を含めネイティヴの間では、もっぱら「おりゃぁ（おらぁ）」発言が多用されています。また、「知りゃぁしねぇ」や「知りゃぁいい」などの表現もしぶとく生き残っている言い方です。

ほかに、「ありゃぁしねぇ」（ありはしない＝ない）や「すりゃぁいい」（すればいい）などの表現も、日常よく使用する言葉です。

【十一番】「なす」という独特の方言

甘楽一帯でもっぱら使用する方言として、「なす」という言葉があります。「借りた物を返す」というときに使用する言葉です。「なす」という言葉は他の地域ではほとんど使わないので、県内でも不思議がられる甘楽弁の一つです。

地域外でうっかり「なす」という方言を使えば、「何それ？」っていうことになってしまいます。しかし、同じ文化圏内ではよく認知されている言葉なので、「なすよ」といえば、「茄子」と誤解されることは全くありません。

甘楽では、現在も「なす」という方言があちこちでよく使用されています。その理由は近所付き合いが親密であり、お金の貸し借りは別ですが、物の貸し借りが多く行われている証《あかし》のようです。今にも「借りた醤油《しょうゆ》をなしに来たよ」という声が聞こえそうです。

【十二番】「くんのむ」と「どっくむ」という方言

上州では、水や薬などを飲み込むときに「くんのむ」や「どっくむ」という表現が使用されています。甘楽一帯は、どちらかというと「くんのむ」という表現が多用されています。ごくまれに他の地域で使われる「どっくむ」や「のっくむ」（県外各地で使用）という表現を使用する人もいますが、甘楽では何しろ「くんのむ」という表現が大勢を占めているのです。

「くんのむ」という言葉は、「ゴックンと飲む」が語源のようです。ただ飲む状態を表した言葉ではなく、しっかり飲み込むということを表した言葉なのです。

私は子ども時代、薬を飲み込むのが苦手だったので、よく母親から「薬をくんのむんだ」と諭されたものです。薬を飲むのがとても苦い思い出となっています。

【十三番】副詞の語尾「り」が「し」に変化する言葉

甘楽では、「はっきり」という副詞を「はっきし」と発音する場合があります。もちろん「はっきり」と発音しても違和感はありませんが、同じように使用される例として、「うっかり」や「ちゃっかり」、「やっぱり」「ざっくり」「ばっちり」「がっちり」「がっくり」などがあります。

しかし、なぜか「しっかり」という副詞は、決して「しっかし」と使うことはありません。同じように変音しない例として、「びっくり」や「がっかり」、「どっしり」「あっさり」「やはり」「やんわり」「はんなり」「げんなり」などがあります。

要するに、すべてが「し」と変化するわけではなく、むしろ「し」と変わる方が珍しいのかも知れません。

では、なぜこのような変音が生じたのでしょうか。

私の推測の範囲ですが、甘楽人は「り」より「し」の方が発音しやすかったのか、または「し」と発音した方がその語を強調できたのかも知れないと考えています。

私が話しても、「やっぱり」よりも「やっぱし」、「はっきり」よりも「はっきし」といった方が、他人の心に響くように感じるのです。

近頃、若者の間では「やっぱし」はもちろんのこと、「やっぱり」という標準語もあまり使用されないようです。流行言葉で、もっぱら「やっぱ」という短いフレーズが使用されています。郷土でも「やっぱし」は死語になりつつあるので、私たちが健気《けなげ》に使用するしか継承の手段はないのかも知れません。

また、撥音便《はつおんびん》や促音便《そくおんびん》を伴って別の言い方になる語として、「あまり」（副詞）や「ばかり」（副助詞）、「これきり」（名詞）という言葉があります。「あまり」は「あんまり」、「ばかり」は「ばっかり」、「これきり」は「これっきり」と使用されますが、甘楽流の表現では「あんまし」「ばっかし」「これっきし」と使用するのです。

使用例を一つ示すと、「はっきし言って文句を言われるんは俺ばっかしで、これっきしにしてほしいんだいね。あんまし気分がよかぁねんだいなぁ」というふうに使用することができるのです。

なお、甘楽人は「ばっかし」を「ばっか」、「これっきし」をさらに進化形の「これっきしゃ」と表現することもあります。

いずれにしても、甘楽人はこのような表現を日常生活の中で身に付けてきたのです。

【十四番】「〇〇っこ」の二通りの使い方と意味の違い

一般動詞に「っこ」を付ける言い方は、全国的に聞かれる使用法です。

例えば、子どもの遊びで行われる「にらめっこ」という言葉は、動詞の「にらむ」の活用形である「にらめ」+「っこ」の合成語となっています。この場合の意味は、「にらみ合い」ということになります。お互いに「○○し合う」という場合、ほとんどの動詞で使用することが可能です。

甘楽人を含め上州人は、この言い方をわが郷土の方言のごとく多用しています。博《ばく》打《ち》で鳴らした土地柄ということでしょうか。とにかく相手と競う「○○っこ」が好きなのです。

上州には、「とびっこ」という方言があります。別の表現を使えば「かけっこ」や「とびっくら」という言い方もあります。全国的には「徒競走」という言葉が使用されているようです。

甘楽や周辺の人々は、子どもの頃より「喰いっこ」「飲みっこ」「じゃれっこ」「投げっこ」「取りっこ」「当てっこ」「隠れっこ」（かくれんぼ）など、「〇〇っこ」言葉のシャワーを浴びて育ちます。

では、「押し合う」という場合に、どういう言い方をするのでしょうか。

甘楽人は、平然と涼しい顔をして「押しっこ」といいます。生理現象の「おしっこ」と誤解されるので、シャイな私は子どもの頃、この言葉だけは使用したことがありません。

また、甘楽弁や上州弁では、「〇〇っこ」に「ねぇ」という否定語を付けると、「っこ」の意味が全く変わってしまうところに特徴があります。

先の道理を当てはめれば、「にらみっこねぇ」は「にらみ合い」＋「ねぇ」ということになります。ストレートに意味をとれば「にらみ合いはない」と考えられます。確かににらみ合いはしていないのですが、甘楽弁では「にらむわけがない」という意味になります。気のせいという場合もありますが、どちらかがにらんだという状態を指すのです。この場合の「っこ」の意味は、「わけ」「はず」「理由」「道理」ということになります。

ここで、例外を一つ指摘しておきたいと思います。

甘楽では、「死にっこねぇ」という言葉を使用することがあります。意味は「死ぬわけがない」ということですので、前例と同様に考えられます。しかし、そもそも「死にっこ」（死に合い）ということがあるのでしょうか。お互いに死ぬのを競っている感じです。

この言葉だけは別物のようです。

【十五番】「っこ」とは違う「こ」

すでに「っこ」については述べた通りですが、甘楽には、たった一文字で存在感を示す「こ」という表現があります。

「こ」といった場合、そばやうどんなどの具や薬味を示す言葉となります。時におかずを指すこともあります。「うどんのこを取って食べない（食べてください）」とか「こをかって（おかずにして）喰いない（食べなさい）」などと使用されます。夕食を準備する奥さんは、「夕飯のこは何にしようか」と悩んだりもするようです。

上州では「おしんこ」のことを「こうこ」といって、主に「たくあん」を指しますが、具である「こ」と相通じるものを感じます。

ところで、「おしんこ」や「こうこ」という言葉を漢字で表記すると、「御新香」または「香香」となるようです。確証はありませんが、甘楽で使用される「こ」の語源は、ぼっとかして「香の物」を示す言葉なのかも知れません。

【十六番】「めた」という方言

甘楽では、独特な方言として「めた」という言葉がよく使用されています。

初めてこの方言に遭遇する人は、「めた」「めた」と何度も聞くと、気が滅入ってしまうのかも知れません。それでも甘楽人にとっては愛着のある言葉であって、とても便利に使用できる表現です。ある子どもが「あぁちゃんがめたはたくんだよ」と訴えた場合、「あぁちゃんが何度も叩《たた》くんだよ」という意味になります。

語源は、「滅多《めった》にしない」が「めたする」という肯定形で使用されるようになったことと関係がありそうです。数少ない「滅多に」という意味が逆転し、「たくさん」を表す言葉に変質したと考えられます。

また、この「めた」には、「めためた」と重ねていう言い方もあります。「めた」を重ねることにより「めた」を強調する表現であり、「何度も何度も」ということになります。子どもが「めためたするんだよ」と訴えた場合、されては困る嫌なことを「何度も何度もされる」ということなのです。

一般的な言葉として「めためたになる」という表現があります。「滅茶苦茶になる」や「ボコボコにされる」というようなニュアンスがあります。

甘楽一帯で使用される「めた」には、「めたに」や「めためたに」という言い方はありません。常に「めたする」という表現のみで使用されるのです。

郷土を代表する方言ですので、甘楽に来て「めた」をめた聞いたとしても、広い心で嫌わないでほしいと思います。

【十七番】「なから」や「なっから」方言

甘楽人にとって「なから」や「なっから」という言葉は、「めた」と同様、郷土特有の表現としてよく使用されます。方言の双璧と呼んでいいのかも知れません。

「なから」や「なっから」は、「たいそう」「たいへん」「だいぶ」「ずいぶん」というような意味で使用されます。

「なっから飛ばすでぇ」とは「結構飛ばすぜ」という意味であり、「なっからはぇぇでぇ」といえば「ずいぶん速いよ」ということです。また、「なっからうんめぇでぇ」といえば「とても美味《おい》しい」という意味であり、「なっからほらふくでぇ」といえば「ずいぶんほらを吹くぜ」（大ぼら吹き）ということになります。

「なから」と「なっから」は、意味に大きな違いはないはずですが、通常使用する場合は「なから」を使用し、特に強調したい場合には「なっから」と表現します。

しかし、甘楽の女性が一般的に「なから」を使うのに対して、甘楽の男性はもっぱら

「なっから」といいます。甘楽人の性格が「なっから」ににじみ出る方言といえるのではないでしょうか。

【十八番】「らぁ」と「らぁ」以外の使い方

自分が「○○するね」というときに、甘楽では「らぁ」という言葉をよく使用します。「飲物を買ってくらぁ」といえば、「飲物を買ってくるね」という意味になります。また、「ちょっくら行ってくらぁ」といえば、「ちょっと出かけてくるよ」ということなのです。つまり、「くらぁ」は、「来る」から派生した用語なのです。

しかし、「らぁ」という表現は、何も「来る」という動詞の専売特許ではありません。「入る」「寝る」「帰る」「乗る」「くれる」「やる」などの動詞の場合も、「入らぁ」「寝らぁ」「けぇらぁ（帰らぁ）」「乗らぁ」「くれらぁ」「やらぁ」というように使用することができるのです。列挙した動詞はどれも同じ特徴をもっているので、すでに何かお気づきの方もいるのではないでしょうか。

末音が「る」で終わる動詞のときは、「らぁ」と表現することによって「するよ」という意味になるのです。

では、「る」で終える動詞でなければ使用できないかといえば、そんなことはありません。甘楽弁は、どんな動詞でも使用できる便利な表現です。「らぁ」という表現ではなくなりますが、例えば「行くよ」といいたい場合、「行かぁ」といえば、その意味になります。「話すよ」という場合は「話さぁ」といえばいいのです。あまり理屈をこねたくはありませんが、例に挙げたように「行く」の場合、末尾の「く」はカ行の音なので「か」＋「ぁ」となり、「話す」の「す」はサ行なので「さ」＋「ぁ」となるのです。

甘楽では、この理屈を当てはめれば、特例でもない限りどんな動詞でも同様に使用することが可能です。

【十九番】「ぐれぇ」という訛り表現

「ぐれぇ」という言葉は、上州特有の訛り方言のようです。もちろん甘楽でも現役で、大活躍している訛り方言です。文字を見ただけでは何のことか分かりづらい用語ですが、語源は「くらい」と分かれば、きっと「あぁね」と気づく人も多いのではないでしょうか。漢字で示せば「位」ということになります。

「こんぐれぇできるだんべぇ」といえば、「これくらいできるよね」という意味になります。また、「こんぐれぇじゃぁ、まだくたびれやぁしねぇよ」といえば、「このくらいでは、まだ疲れないよ」ということになります。なかなか耳慣れないと、はたと考えてしまう用語でもありそうです。

私たちの世代では、「こんぐれぇ」だけでなく、「そんぐれぇ」（そのくらい）や「あんぐれぇ」（あのくらい）などの方言も、同じぐれぇ（くらい）よく使用されます。

なお、それぞれは別個の言葉ですが、「こんぐれぇ」は、すでに【九番】で取り上げた「こんなこん」とほぼ同じ意味になります。

【二十番】「はっとばす」や「はっくらす」とは

「はっとばす」とは、いったいどういうことでしょう。

この方言をもう少し分かりやすく説明すれば、「はたく（叩く）」＋「飛ばす」ということになります。言葉の意味は「平手で強く叩く」という行為に及ぶことです。

昭和時代には、近所でも日常茶飯事のように「はっとばす」や「はっとばされた」という言葉を聞いたものです。

今では、この行為自体が犯罪となり、死語に瀕《ひん》している言葉の一つです。

現在、私の仲間内では、さすがに「はっとばしてくれた」という者はいませんが、例え話で「はっとばしてくれてぇようだ」という者がおり、まだ死語にならずに済んでいます。

甘楽には、「はっとばす」に似た言葉に、「はったぁす」という表現もあります。「はったぁす」とは、「張る」＋「倒す」の合成語ではないかと考えます。相撲でいう「張る」（平手で打つ・叩く）ことによって、相手を倒すという意味になります。これも前の言葉と同様で、今では例えとして使用されています。

いっぽう、拳で殴る行為を表す言葉として、「ぶん殴る」（打ち殴る）があります。「ぶん」と聞こえたかどうかは分かりませんが、この言い方は、全国各地で誰もがよく聞いたことのある言葉ではないでしょうか。

しかし、甘楽ではこれだけに留まらず、「はっくらす」「はっくるけぇす」「はっけぇす」「はっこくる」「はっぴしょうぐ」「はんのめす」「ぶっくらす」などの言葉もよく使用されてきました。なんとすべてが「ぶん殴る」と同じ意味です。

それにしても、この種の言葉には「はっ」や「ぶっ」「ぶん」など、促音・撥音化した接頭語が多いのにはびっくりします。

このように暴力的な言葉を並べると、甘楽は荒くれ者が多いのかと誤解されそうですが、安心してください。列挙した言葉のほとんどが死語になっています。また、現在の甘楽人は平和愛好者が多く、心優しい人ばっか（ばっか＝ばっかし）です。

【二十一番】甘楽人に欠かせない「かい」と「だい」

甘楽になくてはならない表現に「かい」と「だい」があります。この表現を抜きにして甘楽人の会話は成り立ちません。物でいうところの必需品であり、甘楽のブランド的な用語なのです。

全国的に使用される表現でもありますが、群馬県内では、あたかも郷土独自の方言のようによく使用されます。中でも甘楽人の使用頻度は高く、独特な甘楽弁の世界を築いています。そんな様子をのぞくと、県外の人々はきっと特異性や異文化を感じることでしょう。「○○か」と質問するときに「○○かい」を使い、「○○だ」と説明するときには「○○だい」(「だよ」や「です」の意)を使用します。

順番を追って説明しますが、例えば「かい」を使用した言葉に、「飲むかい」「知ってるかい」「違うかい」「本気かい」などの表現があります。県外でも地域によって使用される表現だと思います。

しかし、甘楽や上州で使う「かい」には、質問文にする場合、動詞の後に撥音便の「ん」を入れるところに特徴があります。「飲むんかい」「知ってるんかい」「違うんかい」というようになります。名詞の場合はそのまま、「本気かい」「俺かい」というように使用されるのです。

いっぽう、「かい」の代わりに「だい」を当てはめると、「飲むんだい」「知ってるんだい」「違うんだい」「本気だい」「俺だい」という表現が成立します。使い方によって二通りの意味があります。

通常は、主体が自分の場合が多く、「自分は飲むんだ」「自分は知ってるよ」「違うよ」「本気だよ」「俺だよ」という断定的な表現として使用されます。

ところが、動詞に限っては同じ言い方でも対象が相手となって「なぜ」という意味が加わると、この言葉は豹変《ひょうへん》するのです。「なぜあなたは飲むのか」「なぜあなたは知ってるのか」「なぜ違うのか」という疑問になります。発音はほとんど変わらないのに意味は対照的になるので、この辺りが甘楽弁の難しいところかも知れません。どちらの場合も、文の作り方は「かい」の場合と全く違いはありません。

そういえば、三重県津市の友人が、「〇〇だい」と同じ意味で、「〇〇やに」という伊勢弁を使用していた記憶が甦ってきます。

ところで、群馬県民には心優しい人が多いので、たとい相手が部下であっても「飲むか」や「知ってるか」、「違うんだ」や「本気だ」というような言い方はしません。親しみを込めて「かい」や「だい」を使用するのです。「〇〇か」や「〇〇だ」という言い方に比べて、「かい」や「だい」の方がていねいな言い回しになります。

甘楽人を含め上州人は強い口調で話をするので、県外の人には荒っぽく聞こえるのかも知れません。性根《しょうね》は「かい」や「だい」を使う心優しい人が多いことを理解してほしいと思います。

【二十二番】「かい」や「だい」の進化形「かや」や「だや」

「かい」や「だい」の変形として、「かや」や「だや」があります。ここまで進化すると、わが郷土独自の方言と考えてもよさそうです。

どちらの言い方も、甘楽では親しい間柄で男言葉として使用されています。

最初に「かや」の使用例を示すと、「消すんかや」「喰うんかや」「飲むんかや」「ほんとかや」などが挙げられます。意味はほとんど「かい」（ますか）の場合と同じです。相違点は人間関係が近いかどうかという点です。

次に、前の文言に「だや」を当てはめてみると、「消すんだや」「喰うんだや」「飲むんだや」ということになります。「何で消すんだい」といえば、比較的やさしい言い回しですが、「何で消すんだや」といえば、「消した」事実を咎《とが》めたり「勝手に消す必要はないだろう」という強い意思が込められたりしています。実感として「だや」は、通常相手を叱責するときに使う表現です。「かい」と「かや」の意味がほぼ同じなのに対して、「だい」と「だや」は、意味が大きく異なるようです。

なお、甘楽弁には「ほんとかや」という言い方はあるものの、「ほんとだや」という言い方は聞いたことも使ったこともありません。

【二十三番】「きゃ」や「きゃぁ」は驚きの表現ではない

この表現を初めて聞く人にとっては、驚きの言葉かと誤解するのではないでしょうか。「きゃ」や「きゃぁ」は、「かい」や「かや」のさらに進化形で、今でも甘楽では男言葉としてよく使用される言い方です。「きゃ」と「きゃぁ」の意味は同様（ないか・だろう）であり、どちらを使用するかどうかは個人任せとなっています。

しかし、話す文言によっては、「きゃ」を使用しないと不自然になる場合もあります。統計を取ったわけではありませんが、甘楽一帯では「きゃぁ」の方が多く使用されているようです。

一例を示すと、「そうじゃねんきゃぁ」という言い方があります。「そうではないのか」と「そうだろう」という二通りの意味が考えられます。意味はその時の状況によって判断することになるのです。

ネイティヴが「知ってるっきゃぁ?」と尋ねたら、「知ってるかい」という質問なので、あなたは「知ってらい」（知っています）、または「知らねぇよ」（知りません）、あるいは

「知りっこねぇ」（知るはずがない）と答えるのがベストです。ぜひ何度も声に出してトレーニングしてみてください。

さらに、「きゃぁ」には別の意味になる場合もありますので、注意が必要です。用語の「きゃぁ」という語が文の中ほどに使われた場合、「〇〇すれば」というような意味合いになります。「行きゃぁ（行ぎゃぁ）いい」といわれた場合、「行けばいい」という意味になるのです。

なお、甘楽弁には、先ほどの「知ってるっきゃぁ」という言葉のように、ほかにも「知る」に関係する独特な言い回しがあるので、ここでいくつかを紹介したいと思います。「知ってるんきゃぁ」（知ってるのかい）、「知らねんきゃぁ」（知らないのかい）、「知りゃぁしねぇ」（知りはしない→知らない）、「知っちゃぁいねぇ」（知ってはいない→知らない）、「知ったこっちゃねぇ」（私の関知することではない→そんなの関係ない）など、まだまだ地域でよく聞かれる表現です。

【二十四番】「きゃぁ」に似て、似つかわしくない「っきゃ」

「行く（行ぐ）しかない」といいたい場合、「行く（行ぐ）っきゃねぇ」といいます。「っきゃ」の後に否定の「ねぇ」が付いた場合は「しか」と捉えると、意味が分かりやすくなります。つまり、「飲むっきゃねぇ」といえば、「飲むしかない」という意味になるのです。

昔から甘楽でよく使用される言葉の一つに、「やるっきゃねぇ」（やるしかない）という文言があります。この言葉は上州訛りの「ねぇ」が使用されるとともに、地域に定着した言葉なので、地域の方言と考えています。

最近、「やるっきゃない」というキャッチコピーを目にすることがあります。てっきり私は、「っきゃ」という用語は上州特有の表現だと思い込んでいましたが、「きゃぁ」に似た「っきゃ」は、標準的な表現かも知れないと考えるようになりました。

しかし、甘楽弁で多用する「押すっきゃねぇ」や「寝るっきゃねぇ」など、「っきゃ」という言い方が多くの地域で愛用されているのか、甘楽人には分からないところです。

また、甘楽弁や上州弁の奥深さから、末尾に「ねぇ」を付けない場合は、これまた別の意味となるので注意が必要です。甘楽で「行く（行ぐ）っきゃ」といった場合は「行きますか?」という意味になり、「飲むっきゃ」といえば「飲みますか?」ということになります。

このように、「っきゃ」という表現は、「ねぇ」が付くかどうかで意味が大きく異なるのです。子ども時代の私は好奇心が旺盛で、友人から「行ぐっきゃ?」と誘われたときに「行がねぇ」とはいわず、よく「行ぐっきゃねぇ」と答えた思い出があります。

【二十五番】「だいねぇ」と「だいなぁ」

上州独自の方言というわけではありませんが、私が無意識に使う甘楽弁に「だいねぇ」と「だいなぁ」があります。

普段はあまり気にもかけず使用していましたが、妻に指摘されて多用している事実に気づかされたのです。妻は私の「だいなぁ」発言を黙ってカウントし、夜になって年齢の数を超えたというのです。だめ押しで回数までいわれ、それ以来、意識して「だいなぁ」発言をするようにしています。

「だいねぇ」と「だいなぁ」の意味は、どちらも「だよね」と考えれば問題はありません。しかし、この表現は私だけが使用する専売特許ではなく、甘楽に限らず上州全域でよく使用される言い方でもあるのです。

どのように使用するかというと、「分かってるんだいねぇ」「分かってねんだいねぇ」「分かってるんだいなぁ」「分かってねんだいなぁ」という言い方になります。

甘楽人にとって、どちらも肯定にも否定にも使用できる便利な表現なのです。

では、どういうときに「だいねぇ」を使用するかといえば、私の場合は話す相手が目上の者や面識が少ない人の場合です。甘楽の女性はほとんどが「だいねぇ」を使用します。

いっぽう、「だいなぁ」というときは、話し相手が親友や年下の場合に限って使用しています。

さすがに私も子どもに対しては使用を控えますが、話す相手によって使い分けるのは、甘楽人としての当然の行作《ぎょうさ》（行儀作法）となります。

【二十六番】そこかしこで聞かれる「そうだいねぇ」

ひと昔前までは、「はい」という返事の代わりに「うん」や「ん」を多用していましたが、最近では知人同士が会話するときに、「そうだいねぇ」という言葉がよく聞かれます。

この言葉は、別に新しい言葉ではなく、甘楽や上州では古くから使用されてきた表現です。

近頃は他人の意見に同調して相づちを打つときにも、「そうだいねぇ」という言葉をしきりに使用するのです。「そうだよね」や「なるほど」という意味になります。

また、甘楽人の中には他人の話を聞いて自分の考えを述べる前に、「そうだいねぇ」と言葉を挟む人もいます。地域では、いつ何どきもそこかしこで「そうだいねぇ」という言葉が飛び交っています。

しかし、この言葉も甘楽だけで使用されているわけではなく、県内全域でよく使用されているのです。駅やデパートで群馬県民同士の会話を聞いてみると、私でもおかしくなってしまいます。電話でも立ち話でも、県民はひっきりなしに「そうだいねぇ」といっているので、そばにたたずんで静かに聞いてみてください。ほぼ標準語だと思っている県民は、他人に気兼ねなく大きな声で堂々と上州弁を使っているのです。

繰り返される「そうだいねぇ」を聞くと、ついクスクスとにやけたくなるのではないでしょうか。この言葉を使っていたら、間違いなく上州人であり、ぼっとかすると甘楽人かも知れません。

ただ、最近はこの言葉を使う人に年齢制限が生まれてきたようです。若さを前面に押し出す人はもっぱら「あぁね」という流行方言を使用する者が多く、若さを意識しない者は相変わらず「そうだいねぇ」を多発しているようです。

【二十七番】「てん」で強烈な尋ね方

親が子どもの意思を尋ねるときに、「てん」という表現をよく使います。

これだけでは全く何のことだか分からないと思いますので、例を挙げて説明していきたいと思います。

わが子に「したいのか、したくないのか」を尋ねる場合、「してん?」と聞きます。

「買ってほしいのか、ほしくないのか」を尋ねる場合は、「買いてん?」と話しかけるのです。

昔はこのような言い方が当たり前の話し方でありましたが、初めて聞く人にとっては非常に強烈な方言として脳裏に焼き付くようです。

動詞の連用形＋「てん」で、強烈な疑問文が完成するのです。どんな動詞でも「てん」を付けることにより相手の意思（「はい」や「いいえ」）を確認することができるので、甘楽人としてはたいへん使い勝手のよい表現なのです。「話してん？」「行ぎてん？」「飲みてん？」「乗りてん？」というように、簡単に使用することができるからです。

では、相手が子どもでなく大人の場合、どのように尋ねるのかというと、「してんかい？」とか「買いてんかい？」というように、「かい」を付けていいます。「かい」は終助詞「か」に該当する語のようです。答えるときには「だい」（「だよ」や「です」の意）を付けるのです。

県外の人が「てん」という表現を聞いたとき、びっくりするかも知れません。強烈な印象に残る言葉かも知れませんが、実際に言い切りの場合は語気も強く、私も強烈な表現だと感じています。それを和らげるために、「してんかい？」（したいのかい）という表現を使うのです。答える場合も、「だい」を付けることによって「してんだい」（したいんだよ）という柔和な表現になります。

現在の親世代は、こんな言葉を聞いて育ちましたが、自身はほとんど使わないようです。しかし、私の世代ではまだまだ健在な言い方であり、あちこちで使用されています。

上州では、これとは全く別物の方言として、「てんで」という言葉があります。甘楽ではメジャーな方言です。「てんで話になんねぇ」といえば、「全く話にならない」という意味になります。肯定文でも使用できる方言であり、「てんでおかしんだいねぇ」といえば、「とても面白いんだよね」ということになります。

県外の方にとって、上州の「てん言葉」は「てんで強烈な方言だ」と認識されたのではないでしょうか。

【二十八番】「るん」や「ん」で疑問文になる

「今日は馬鹿にるんるん気分だね」といわれたことがあります。「どうして」と尋ねると、「今日はやけに『るん言葉』をしゃべるんだもん」と返答されてしまいました。

そういえば、「するん」「やるん」「食べるん」「曲げるん」「くれるん」「あげるん」「分かるん」「走るん」「見るん」など、「るん言葉」のオンパレードだったことに気づきました。上州弁や甘楽弁では、動詞の終止形が「る」で終わる述語に「ん」を付けると、すべてが疑問文になります。「するん?」とは、「するのか」という意味です。

また、この用法は前に示した用語だけでなく、動詞であれば何にでも適用できるところに特色があります。「るん言葉」ではなくなりますが、動詞の終止形に「ん」を付けるだけで、簡単・容易に疑問文が作れるのです。

例を示せば、「話す」は「ん」を付けることによって「話すの？」という意味になります。同じように「書くん」「聞くん」「読むん」「行ぐん（行くん）」「押すん」「泣くん」「走らすん」というように使用することができます。

では、甘楽弁の「ゆん」は、いったいどんなときに使用するのでしょうか。

たった二文字の短い言い回しですが、知らない人にとっては難解な言葉かも知れません。具体例を示すと、「何でそんなんゆん？」といえば、「なぜそんなことを言うのか」という意味になります。

最初に「るん言葉」を取り上げたので混乱する部分もあったかも知れませんが、上州や甘楽では、要するに動詞の基本形（終止形）に「ん」を付けるだけで、簡単に疑問形の文章を作ることができるのです。究極の省エネ表現といえるのではないでしょうか。

全国には、同様に使用する地域もあるかも知れませんが、古い物言いとしないためにも、各地で簡単便利なこの表現法を使用したならば、ぼっとかすると経済効果が高まるかも知れないと考えています。

【二十九番】「ねんじゃねん」という方言

「じゃ」という言葉の前後に「ねん」が付くこの言葉は、いったいどのように解釈したらよいのでしょうか。

文字だけを見ると、どちらの「ねん」も、同じ「ない」を表す表現と考えがちですが、甘楽では、この方言を「ないのではない」でなく、「ないのではないか」や「ないよね」という意味で使用しています。

現在よく使用される言葉に、「ない物はない」という言い方があります。これには二通りの意味があって、「すべてある」という解釈と、「ないのだからない」という解釈が成り立ちます。

甘楽弁で使用する「ねんじゃねん」は、その意味からして前者でないことは明白です。意味的には後者に属しますが、よく考えてみれば、若干ニュアンスに違いが感じられます。つまり、後ろの「ねん」は強い打ち消しではなく、前の「ない」ということを「ね」と念押しするような言い方です。実際に話すときにも、前の「ねん」にアクセントを置いて、後ろの「ねん」は軽く添える感じです。

具体例を示すと、「行かねんじゃねん」は「多分行かないよね」という推量の表現であり、「持ってねんじゃねん」という場合は、「持ってないよね」という意味になります。

以上の説明で、分かったような分からないようなという方に決定的な根拠を示します。

甘楽では、「あるんじゃねん」という表現もよく使用されます。意味は「あるね」という肯定文です。「ある」のに、わざわざ「ねんじゃねん」というでしょうか。

次に、「ねんじゃねん」という表現は、動詞のみならず、名詞に付属する場合もあります。「物がねんじゃねん」といえば、「物がないよね」ということになるのです。

また、「そういうもんじゃねんかい」（そういうものではないか）を「そういうものじゃねんじゃねんかい」と言い回す人もいます。

子どもの頃、何しろ「ねん」という言葉は広く関西弁として知られていたので、「なぜ上州の片田舎に関西弁があるのか」と、不思議に感じていた時期がありました。

当時、エキゾチックで面白い言葉なので、「ねんじゃねんじゃねん」といって、仲間とよく言葉遊びをした思い出があります。

〔若者の流行言葉「ねんじゃね」〕

さらに、最近は若者の間で語尾をつり上げて発音する「ねんじゃね」という言葉が流《は》行《や》っているようです。若者のトレンド言葉として、上州だけでなく全国的に使用されている表現のようです。

語源は「ねんじゃねん」ではないかと考えられます。実際に旅行先やテレビなどで若者同士の会話を聞くと、よく耳にする言葉です。ネイティヴとしては、ちょっと使い方が気になっているので、正してやろうかと考えることもありますが、甘楽や上州で使われている変形フレーズが、全国の若者の間でうけているのは嬉《うれ》しい限りです。

【三十番】「ねぇじゃねぇ」という言葉

言葉の作りや響きが「ねんじゃねん」に似ていますが、意味はどうでしょうか。例を挙げてみると、「行かねぇじゃねぇ」といえば、「やっぱり行かないね」という意味になります。「買わねぇじゃねぇ」は「買わないね」ということです。動詞の未然形に

「ねぇじゃねぇ」を付けると、一つの述語を作ることができるのです。

この表現は、「ねんじゃねん」と同じように、動詞だけでなく、名詞にも作用して使用できる便利な表現です。「物がねぇじゃねぇ」といえば、「物がないよ」という意味になります。「価値がねぇじゃねぇ」といえば、「価値がないね」ということになるのです。

動詞や名詞に作用した場合、どちらも意味やニュアンスはほぼ同じです。

私がここで指摘したいのは、「ねぇじゃねぇ」と「ねんじゃねん」という言葉が似通っているにもかかわらず、使用法は大きく異なるという点です。二つの表現をどのように使い分けているのか、県民以外の方は不思議に思っていることでしょう。

「ねぇじゃねぇ」は、比較的に年配者が同年配や若者に対して使う場合が多く、多少皮肉が含まれていることもあります。

それに対して「ねんじゃねん」は、若者が同年配以下の者にいうときに使うのです。甘楽では、私は年配者から若衆《わけえし》と呼ばれています。実際に私は若者と思っているので、もっぱら「ねんじゃねん」という表現を愛用しています。

では、私が年長者に話す場合、どう表現すると思いますか。ただただ「ねんじゃねんかねぇ」（ないのではないでしょうか）といいます。

私にも誰彼かまわず、「ねぇじゃねぇ！」といえる日が来るのでしょうか。

【三十一番】「ねぇもんはねぇ」という言い方

「ねんじゃねん」や「ねぇじゃねぇ」と似たような言葉に、「ねぇもんはねぇ」という表現があります。標準語でいえば、「ない物はない」に該当する言葉です。

しかし、甘楽一帯でこの言葉を使用するときは、「ない物がないというほど何でもある」という意味で使用されることが多いようです。

先日、親戚の者が拙宅を訪れ、「あすこの店に行ぎゃぁねぇもんはねぇよ」と発言したのです。一瞬誤解して「当然ない物はないよな」と受け取りました。その後の発言を聴いたところ、「あの店に行けば何でもあるよ」という意味で使っていることが分かりました。現在甘楽にどっぷり浸かっている私ですが、うっかり誤解することもあるのです。

後になって、そういえば、過去にこの地域ではそんな使い方がされていたことを思い起こしました。この種の話は、その雰囲気をつかんだ上でよく話を聴く必要があることを悟った一件です。

【三十二番】動詞に付く「ない」は「無い」ではない

甘楽や上州では、「ください」というときに「〇〇ない」という言葉が使用されます。

食べ物が目の前に出されて「食べない」といわれたら、それは「食べてください」あるいは「召し上がれ」という意味になります。また、「しない」といわれたら、「してください」ということになります。

言葉だけに着目すると、標準語では「食べません」や「しません」という意味になりますが、上州弁では全く別の意味になるところに特徴があります。表現上みられる「ない」は、否定を表す「ない」という意味ではなく、「な」と「い」は別物だということです。

では、なぜそのような違いが生じるのか、順番を追って説明したいと思います。

例えば、一般的な動詞の命令形として、「食べろ」「くれ」「話せ」「行げ（行け）」などがあります。しかし、上州では、その命令形を「食べな」「くんな」「話しな」「行ぎな（行きな）」というような形で使用します。この使用法から「〇〇ない」という表現が生まれるのです。

つまり、「食べろ」を意味する「食べない」は、「食べな」という命令形のあと、「よ」や「どうぞ」に該当する「い」を付けて、親密感のある「食べない」という表現ができあがるのです。「くれ」を意味する「くんない」（ください）は、「くんな」＋「い」ということになります。「話しない」（話してよ）は「話しな」＋「い」であり、「行ぎない」（行ぎなよ）は「行ぎな」＋「い」ということなのです。

このように、甘楽弁や上州弁では、「〇〇ない」と表現した場合、「ねぇ」という意味ではありません。「ねぇ」と使った場合のみ、「無い」という意味になるのです。

私の解釈では、どの言い方もたいへん理に適った使用法だと考えています。

残念なことに、甘楽人や上州人は、語尾に「い」を付けて他者への思いやりを表現しているにもかかわらず、初めて聞く人にとってはその気遣いが理解されないようです。

このような使用法は全国的にも珍しいので、上州（群馬県）特有の表現と考えてもよいのではないでしょうか。

しかし、この表現の中には、地元では通用しても全国で全く通用しない、異彩を放つ言葉があります。それは漢字で表記すると、「来ない」という言葉です。

甘楽では、「こない」といわず、「きない」と発音します。上州独特の使い方で、イントネーションと語調で意味を使い分けているのです。

「き」にアクセントを置くか平坦に「きない」といえば、「来ません」という意味になります。「きない」の「ない」を強く発音すれば、柔和な命令形の「おいでよ」ということになります。また、語尾の「い」をつり上げて「きない」と発音すれば、疑問形の「来ませんか?」という意味になるのです。

県外の方にとっては、この微妙な言い回しを感じ取るのは非常に難しいのではないでしょうか。この違いを習得するには、やっぱし（やはり）甘楽ネイティヴと会話を楽しむのが一番だと思います。

【三十三番】「くんねん」と「くんねぇ」の意味の違い

甘楽で「くんねん」といえば、「くれないのか」という意味になります。

しかし、「くんねぇ」という方言は、発音時の語尾の上げ下げによって二通りの意味となります。語尾を上げて「くんねぇ」といえば、「くんねん」と同じ意味で、「くれないか」ということなのです。「くんねぇ」と平坦に発音した場合は、「あげないよ」とか「やらないよ」という意味になります。

では、もしも私が「それくんねん？」と尋ねた場合、あなたはどのように答えたらよいでしょうか。

「それをください」と求めているので、気前よく「やるよ」という場合、甘楽弁では「やらぁ」または「くれらぁ」といいます。きっぱり「やらないよ」と断る場合は、「やんねぇ」または「くんねぇ」と答えるのがいっとう（一番・最良）です。

やや、ややっこしいですが、ネイティヴはこれらの言葉を上手に使い分けているのです。

【三十四番】「はぁけぇるんきゃ」という方言

甘楽独特の方言として、「はぁけぇるんきゃ」という言葉があります。

特異な言葉と訛りが、県外の人々の衆目を集めることになります。「何それ？」とびっくりさせるには、最もインパクトのある言葉だといえそうです。

「はぁ」とはため息ではなく、「もう」という意味であり、「けぇるんきゃ」とは「帰るの？」という言葉に該当します。要するに、「もう帰っちゃうんだ」というときに使う方言です。そこには「もう少し留まってほしい」という気持ちが込められているのです。

逆に、自分が「もう帰ろう」というときには「はぁけぇるんべぇ」といい、「もう帰るよ」というときには、「はぁけぇるでぇ」と表現します。

こんな方言を聞いてみたいという方は、甘楽では毎日のように使用されていますので、どうぞお越しください。高崎辺りでも聞けるかも知れません。

【三十五番】「おやげねぇ」という方言

甘楽では、可哀想《かわいそう》な子どもを見たときに「おやげねぇ」といいます。

この言葉は、隣接する他県でも使用する地域があるようですが、群馬県内では上州弁の代表格として広く使用されてきました。今でも甘楽では、年長者がよく使用する方言です。

では、なぜ「親気なし」（親らしい気持ちがない）が「可哀想」という意味になったのか、自分なりの解釈を示したいと思います。

子どもの頃、近所で親にこっぴどく叱られる子どもがいたときに、大人が口々に「おやげねぇ」と話していたのを思い出します。当時も「子どもが可哀想」という意味で使用されていました。

しかし、その語源を考えると、もともとはこうした親の行為を「おやげねぇ」といっていたようです。それがいつの頃からか子どもにも発せられるようになり、「親げねぇことをされたな」と「可哀想」という感情が結び付いて、現在の使い方になったと考えます。

二つ目として、現在でも親を亡くした子どもに対して、「親げねぇ」という言葉は広く使用されています。この語源は、文字通り「親がねぇ」（親がない）が「親げねぇ」に転訛したものと考えられます。

要するに、甘楽で使う「親げねぇ」という方言には、二通りの語源があるということです。話は打って変わりますが、似たような表現で全国的に使用される言葉に「おとなげない」という言い方があります。当然甘楽では、「大人げねぇ」と表現します。この表現は大人に対して使用される言葉です。子どもが「大人らしくない大人」を見たときに、「大人げない」といったらどうでしょうか。

昔は、そんな物言いをする子どもはいませんでしたが、ぼっとかしていたとすれば、「上口《じょうくち》を利《き》くな」（生意気をいうな）といわれて「親げねぇ」結果を招いたことでしょう。

人権が尊重される現在、そういう場面に遭遇した子どもが、「あの大人は大人げねぇ」といえる時代はくるのでしょうか。

【三十六番】「せっこう」と「せっちょう」

甘楽一帯で使用される独特の方言に、「せっこう」と「せっちょう」というものがあります。県内でも通じない地域があるようですが、県外の方がこの方言を耳にしたら、「何それ？」と首を傾げてしまうのではないでしょうか。

「せっこう」とは「働き者」を意味する言葉であり、「せっこうがいいね」といえば、「よく働くね」ということになり、よく働く隣人に対する挨拶・褒め言葉になります。いっぽう、「せっちょう」とは「世話」や「面倒」という意味であり、「せっちょうやき」といえば「面倒見がよい人」を指す言葉になります。「せっちょうだいねぇ」といえば、「面倒だよね」という意味になるのです。

この二つの方言は、われわれ世代が最後の砦《とりで》となって意識的に使用していますが、一世代上の甘楽人は、日常茶飯事のように使用していました。

もともと「せっちょう」という言葉はよい意味で使用される方言ですが、「せっちょうやきで困らい」といえば、「せっちょう」だけで「余計なお節介」というように意味転換してしまうこともあります。

さらに、甘楽の「せっちょう」には別の意味もあります。「体がせっちょうだ」といえば、「疲れた」ということであり、「草臥れた」と同じ意味で使用されます。

現在、「せっこう」や「せっちょう」という方言を使いこなす甘楽人は激減しています。その表現を使用する人がいれば、それはまず甘楽人と考えて間違いないでしょう。

【三十七番】「おっつくべ」と「あぐろ」

「おっつくべ」とは、「正座」「端座《たんざ》」のことです。普段は「胡座《あぐら》」をかいて座ることが多い男衆《おとこし》（男性）も、あらたまった場所では、礼儀正しく「おっつくべ」をします。

また、「胡座」のことは、甘楽言葉で「あぐろ」といっています。

甘楽では、女性や子どもが畳の上に座る場合、「おっつくべ」をすることがほとんどです。「あぐろ」は大人の男性の座り方という暗黙のルールがあります。さすがに女衆《おんなし》（女性）であぐろをかく人はいません。長時間に及んだときには、正座を崩して横座りをする

ことはあります。

男女平等の世の中にあって、どんな座り方をしてもよいと考えられますが、これは甘楽流の行作（行儀作法、場所により「いざんめぇ」）ということになります。

【三十八番】「ないんさぁ」と「ねんさぁ」

「もっとある?」と質問されて「もうないよ」と答える場合、「ないんさぁ」という表現がよく使われます。

私が愛知県内の友人に、このくらいは平気（大丈夫）だろうと思って、「ないんさぁ」と返答したら、「それ、シーサーのお友だち?」と、冗談交じりにからかわれたことがあります。相手が理解できると考えて口にした言葉ですが、よその土地では案外通じないことが分かった一例です。

もともと甘楽では、「ないんさぁ」より「ねんさぁ」という表現の方がよく使われています。「ないんさぁ」は、ていねいにいうときの準標準語であり、特に女性に多く使用されています。男性の場合は「ねんさぁ」を使うことが多く、男女間で使い分けられているようです。現在の私は、何の気兼ねもなく、もっぱら「ねんさぁ」を愛用しています。

しかし、このような言い方も、甘楽弁の中ではわりあい新しい表現であり、私たちの親世代は、同じ意味でもっぱら「ないんさねぇ」や「ねんさねぇ」という表現を常用していました。今でも会話の中にときどき登場する、懐かしい表現です。

【三十九番】「そいでさい」という方言

数十年前に、富岡市岡本地区の男性と何度も会話する機会があり、その際にその方が「そいでさい」という言葉を連発していたのをよく覚えています。

意味は「それでね」ということであり、接続詞として使用されているので、話が変わるごとにこの言葉が使われるのです。当時は歯切れのよい言葉だなという印象をもちましたが、その方の個性と思って聞いていました。

数年前、再び岡本地区の別の人と話す機会がありました。会話をすると「そいでさい」を連発するのです。私はとっさに岡本地区に残る方言だということに気づき、「そいでさい」という方言を今でもよく使用しているのかと尋ねたら、「まだ多くの者が使っている」というのです。ちなみに付け加えますが、この方は私よりも若い世代です。

よく考えてみれば、私の周辺でも、これに似た言葉として「そいでさぁ」という表現がよく使用されています。甘楽弁でも、地区によって若干言い回しに違いがあることが分かった事例です。

しかし、最近になって、甘楽町小幡地区にも「そいでさい」という方言を使用する人がいることも分かりました。昔は、もっと広い範囲で愛用された言葉かも知れません。

【四十番】「おいでなんし」という方言

南牧村では、歓迎の言葉として「おいでなんし」（隣接する長野県佐久市に同じ）という方言が使用されてきました。「よくおいでくださいました」とか「いらっしゃい」という意味になります。人を迎えるときにこの言葉がよく使用されています。

道の駅「オアシスなんもく」の入り口には〝おいでなんし〟という看板が設置され、訪れる人の心を和ませているようです。近年、南牧村は高齢化率日本一と称される自治体であり、全国からその施策が注目されています。

初めて訪れる人には、地域住民やイメージマスコットの「なんしぃちゃん」が〝おいでなんし〟と、優しく迎えてくれるのではないでしょうか。

なお、県境をまたいだ佐久地域にも同字異音の南牧村《みなみまき》（長野県南佐久郡）があり、同じように「おいでなんし」という言葉が使用されているようです。

【四十一番】「なんじゃい」という言葉

高崎と下仁田間を結ぶ上信電鉄の途中駅に「南蛇井駅《なんじゃい》」があります。

この周辺は、戦国時代に南蛇井氏が活躍した地域であり、今では富岡市南蛇井という地名で残っています。しかし、ここで取り上げるのは地名ではなく、「何だい」や「何だよ」いうときに使用する「なんじゃい」という言葉です。

甘楽では、関西弁の影響か、「何だい」に代わって「なんじゃい」という言葉を使用していたところもあります。実際に私の身近でも、年長者がよく使用していました。

南蛇井地区ではどのように使い分けていたのか、不思議に思い、地区の方に話を伺うと、もっぱら地名のみで使用してきたということです。地名が日常語だったので、混乱を招くような言葉はあえて取り入れなかったのかも知れません。

この言葉は関西弁の代表格であり、大阪の友人に「近くには南蛇井」という場所があることを伝えたら、「なんじゃいな」と不思議そうに語っていたのが印象的です。

【四十二番】死語となった「にし」と「おにしゃ」

「にし」の語源は、「ぬし」（主）という古語に由来するようです。

甘楽では、なぜ「ぬし」のことを「にし（にしゃ）」といったのか考えると、案外「ぬ」よりも「に」の方が発音しやすかったためではないかと考えられます。意味は「そなた」や「あなた」に該当する言葉であり、どちらかというと、他人行儀な言い方だったようです。

いっぽう、これとは別に、同じ意味で使われる言葉に「おめぇ」という表現があります。この言葉は親しい間柄で使用されるので、現在でも甘楽に限らず、全国で堂々と生き残っています。

また、「おにしゃ」は「にし（にしゃ）」の頭に「お」を付けたていねいな言い方であり、名前の分からない他人を呼ぶときに常用されたようです。

「おにしゃ」や「にし」の言い方は、過去に妙義町（現在は富岡市と合併）の社会教育主事を務めた際に地域のお年寄りが使っていたのを覚えています。最近になって、甘楽町小幡地区の年長者から、父親が「にし」という表現をよく使っていたと聞きました。両地区は甘楽郡の東と西に位置していますので、甘楽一帯では広く使用されていたことがうかがわれます。

残念ながら、この言葉に限っては地域でもほとんど使用しなくなり、死語となってしまったようです。それでも、広い甘楽の中でまだ使用している人がいるのであれば、相当な甘楽弁の達人になりますので、ぜひ会ってみたいと考えています。

【四十三番】「てんごう」と「しゃいなし」と「しゃじける」という方言

　この三つの言葉は、甘楽弁として古くから使用されてきた表現です。甘楽人にとっては、特別な意味をもつ馴染《なじ》み深い言葉です。周辺地域の一部で使用するところもありますが、三つの方言を知っているかどうか尋ねると、三つとも知っているという人は決して多くはありません。

　甘楽では、若者世代に同じような傾向がみられるものの、ネイティヴで知らないという人はいないほど、甘楽に根付いた方言です。

　私は、子ども時代にどの言葉も口が酸っぱくなるほど、父親からよく聞かされた言葉です。

　父親から「てんごうすんな」や「しゃいなししちゃぁ駄目だ」とか、「しゃじけてるん

料金受取人払郵便

新宿局承認

3971

差出有効期間
2022年7月
31日まで
（切手不要）

郵便はがき

1 6 0-8 7 9 1

1 4 1

東京都新宿区新宿1－10－1

（株）文芸社

愛読者カード係 行

ふりがな お名前			明治 大正 昭和 平成	年生 歳
ふりがな ご住所	□□□-□□□□			性別 男・女
お電話 番 号	（書籍ご注文の際に必要です）	ご職業		
E-mail				

ご購読雑誌（複数可）	ご購読新聞 新聞

最近読んでおもしろかった本や今後、とりあげてほしいテーマをお教えください。

ご自分の研究成果や経験、お考え等を出版してみたいというお気持ちはありますか。

ある　　ない　　内容・テーマ（　　　　　　　　　　）

現在完成した作品をお持ちですか。

ある　　ない　　ジャンル・原稿量（　　　　　　　　　　）

書　名					
お買上 書　店	都道 府県	市区 郡	書店名		書店
			ご購入日	年　月　日	

本書をどこでお知りになりましたか?

1.書店店頭　2.知人にすすめられて　3.インターネット(サイト名　)

4.DMハガキ　5.広告、記事を見て(新聞、雑誌名　)

上の質問に関連して、ご購入の決め手となったのは?

1.タイトル　2.著者　3.内容　4.カバーデザイン　5.帯

その他ご自由にお書きください。

(　)

本書についてのご意見、ご感想をお聞かせください。

①内容について

②カバー、タイトル、帯について

弊社Webサイトからもご意見、ご感想をお寄せいただけます。

ご協力ありがとうございました。

※お寄せいただいたご意見、ご感想は新聞広告等で匿名にて使わせていただくことがあります。

※お客様の個人情報は、小社からの連絡のみに使用します。社外に提供することは一切ありません。

じゃねぇ」などと、よく注意されたものです。

これだけ並べると、子ども時代の私の素行が分かってしまいそうですが、「てんごう」とは「いたずら」や「ふざけた行い」を指す言葉であり、「しゃいなし」とは「悪ふざけ」のことです。「しゃじける」とは「ふざける」ことであり、それぞれが全く別個の言葉として異彩を放っています。

しかし、どの表現も、使い方次第で同じような意味合いとなります。

今では、さすがにこの三つの言葉を使ってわが子を叱る親はいないと思いますが、甘楽の昔の子どもたちは、この言葉とともに成長してきたといえそうです。

【四十四番】最近使い方が変わってきた「おめぇ」

最近、甘楽人をつぶさに観察していると、少子高齢化により「おめぇ」という言葉を使用する人がめっきり減り、「おめぇ」愛用者の間でも使用法に変化が生じていることに気づきました。

本来なら、「おめぇ、今日これから何するんだや」というべきところを、「今日これから何するんだや、おめぇ」と表現する人が少しっつ（少しずつ）増えています。

こんな進んだ時代に、知人だからといって最初から「おめぇ」呼ばわりするのをためらう人たちは、今さら照れ臭くて「きみ」や「あなた」とはいえず、最後に付け加えてしまうようです。最後にいう「おめぇ」は、どちらかというと愛用者が無意識に付け加えてしまうことが多いようです。そういう私も、さすがに最初に「おめぇ」とはいわず、もっぱら会話の終わりに無意識に付けてしまう先駆者の一人かも知れません。

今では、親しい間柄でなければ滅多に使用しない「おめぇ」ですが、わが家にいると、ついうっかりと後付け「おめぇ」が口を衝いて出てしまい、時折妻から高笑いされることがあります。

【四十五番】「おおごと」と「もちゃづけ」や「もちゃっけ」という方言

最近の甘楽人はあまり使用しなくなっていますが、何か問題が起きたときには、ネイティヴの間で、ひぃとりでぇに（自然と）「おおごと」や「もちゃづけ」、あるいは「もちゃっけ」という言葉が口を衝いて出ます。

「おおごと」とは、「苦労が多く体が辛《つら》い」とか「一大事」というときに使用します。

いっぽう、「もちゃづけ」という文字をパソコンで入力すると、そのたびに「も茶漬け」と表記されるので、いったい「どんなお茶漬けなんだよ」とか「お茶漬けとは違うよ」と自分勝手に頭の中で否定しながら、この言葉に対峙《たいじ》しています。

甘楽弁の「もちゃづけ」とは、「厄介」や「難儀」というような意味です。この方言は、県内でも地域によって意味が異なるようです。甘楽人は簡単に済ませられない問題が起きたとき、「もちゃづけだいねぇ」と表現します。「厄介だね」という意味です。

また、この言葉は、「もちゃっけ」という言い方もあります。「もちゃづけ」とどのように違うかといえば、言い回しが異なるだけで意味は同じです。もともとは「もちゃづけ」という言葉が使いやすいように変化し、いつしか「もちゃっけ」という言い方が生まれたようです。甘楽では、どちらの表現も同じくらいよく使用されています。

甘楽弁で「おおごとになりゃぁもちゃっけだで」といえば、「大きな問題にでもなれば厄介だよ」という意味になります。県外の方にとっては、どの言葉も理解するのに「もちゃづけな言葉だ」と考え込んでしまうのではないでしょうか。

これらの表現は、甘楽の私世代でまだまだ健在な言葉であり、必要になると急に登場してくる顕在的な言葉です。

【四十六番】「もちゃっけ」とは違う「むちゃっけ」

私が子どもの頃、よく聞いた言葉に「むちゃっけ」という表現があります。

一見文字の外面《そとづら》をみると、「もちゃっけ」の「も」が「む」に入れ替わっただけではないかと誤解されそうですが、非常に似ているようで非なる言葉といわざるをえません。それぞれが別物で、独立した意味をもつ言葉です。すでに「もちゃっけ」については述べた通りであり、「むちゃっけ」は、どうやら「無茶気」に関係する言葉のようです。

誰もが一度は、「無茶する」という言葉を聞いたことがあるでしょう。

私の知っている「むちゃっけ」とは、「無茶や無理」を示す言葉であり、人を指す場合は「無茶や無理をする人」という意味になります。

しかし、この「むちゃっけ」という表現は、甘楽全域で使用された言葉ではありません。今になって分かったことは、地域の一部で使用された言い方であり、広い範囲で常用される言葉にはなりえなかったようです。甘楽にはこのような言葉がたくさんあります。

ただ、私の場合、よく父親から「むちゃっけするな」（無茶するな）といわれたのが、強烈な印象として脳裏に焼き付いているのです。

なお、似たような言葉に「むてっこじ」（無茶・無鉄砲）という方言があります。これは甘楽人が昔から愛用してきた表現の一つであり、上州では共通の方言となっています。

【四十七番】ちょうどいい加減でない「ええかんべぇ」と「ええからかん」

本来、「ええ加減」（いい加減）とは「ちょうどいい加減」を表す言葉ですが、それがいつの頃からか、あまりよくない意味で使用されることが多くなってきました。響きが関西弁ともとれるこの言葉は、末尾を「べぇ」や「ぺぇ」と言い回すことにより、甘楽独特の方言となっています。

「ええ加減」から派生した「ええかんべぇ」は、人を指す場合、「いい加減なやつ」とか「でたらめなやつ」という意味になります。甘楽らしいまっさか（とても）面白い言葉であり、ネイティヴはまじめで人懐っこい人が多いので、「あんまし（あまり）ええかんべぇはいないのではないか」と、私は確信しています。

この言葉は地域や使い手によって、「ええかんぺぇ」や「ええからかん」、あるいは「ええからかんべぇ」という言い方もあります。

【四十八番】「きゅうすなる」という不思議な方言

一見文字だけを見ると、「きゅうす・なる」、あるいは「きゅう・すなる」という合成語ではないかと考えられます。

しかし、「急須が鳴る」わけでもないし、「灸をすえる」わけでもありません。何しろ語源がはっきりしない、とても不思議な言葉です。

甘楽では、「調子にのる」や「調子づいている」という意味で使用されます。通常は否定命令形で使用されることが多いようです。他人を強く叱るときに、「きゅうすなるんじゃねぇよ」というように使用されます。ぼっとかすると、語源は「気を失う」(正気を失う)に由来する言葉かも知れませんが、「調子にのってるんじゃねぇ」という、灸をすえる戒めの言葉といえそうです。

【四十九番】「こてぇらんねぇ」という言葉

東日本の各地で同じような言葉が使用されているようですが、甘楽では満足感が得られたときに、「こてぇらんねぇ」という言葉を使用します。別の表現を借りれば、「たまんねぇなぁ」という言葉に近いかも知れません。

場面による満足感を表す言葉なので、一言で表現することは難しいのですが、「満足」や「心地よい」と考えればよさそうです。

人によって「こてぇらんねぇ」状況には違いがあります。今の私であれば、草津や伊香保温泉などで美味しい料理を食べたりのんびり温泉に浸かったりするのが、「こてぇらんねぇ」至福の時かも知れません。甘楽では、「こてぇられねぇ」という表現も併用されています。

【五十番】「ちゅう」という表現を使った方言

この文字だけを見たら、誰もがいったい「何という方言だ」と考え込むのではないでしょうか。厳密にいえば、「ちゅう」という表現は甘楽だけでなく、県外でも使用する地域があるようです。甘楽では、他の言葉と結び付いて初めて独特の甘楽弁となります。時に促音の「っ」を伴う場合もありますが、もっぱら「〇〇ちゅう〇〇」という形で使用するのです。

例を示すと、「『古事記』っちゅうふりぃ本」（『古事記』という古い本）や「何ちゅうこ

んだい」（何ということだ）というように使用されるのです。

しかし、この「ちゅう」という表現は、一般的によく使用されてきた言葉でもあります。数十年前の話にはなりますが、「何ちゅうか……」で始まるコマーシャルがあったので、覚えている方もいるのではないでしょうか。

次に、「ちゅう」という表現を使った、甘楽弁の文章を紹介してみたいと思います。「まぁんちめぇんちじゃぁうどんだっちゅうのぅ」と話した場合、意味は「毎日前の家ではうどんだというよ」ということになります。また、「甘楽弁はまっさかおかしんだっちゅうのぅ」といえば、「甘楽弁はとても面白いんだってね」という意味になるのです。

そういえば、一昔前にお笑い女性芸人が、ポーズをとって「だっちゅーの」といい、ブレイクしたことがありました。まさにこの言葉を甘楽弁でいうと、「だっちゅうのぅ」ということになり、甘楽ではおじさん言葉の代表格です。

【五十一番】「ちゅう」の親類「っつぅ」

甘楽弁で「知らねっちゅうよ」といえば、「知らないんだって」という意味になります。

甘楽では、この言い方とは別に、同じ意味を表す「っつぅ」を使った表現があります。

「知らねっつぅよ」といえば、同じ意味を表します。

「ちゅう」と「っつぅ」は別の言い回しになっていますが、表現をよく噛《か》み締めて考えてみると、どうやら語源は同じようです。どちらが先に生まれたかは分かりませんが、どちらも意味は「という」や「らしい」に該当します。

「行ったっつぅよ」は「行ったっちゅうよ」と同じ意味であり、「やだっつぅよ」は「やだっちゅうよ」と同じことになります。

このように、甘楽弁には同じことをいうのに二通りの言い方があります。どっちを使うかは、使い手のお好み次第ということです。ちなみに私は、どっちかっちゅうと「っつぅ」派ではなく、「ちゅう」派愛用者です。

【五十二番】「っつ」という特殊な言葉

「っつぅ」と「っつ」は、ほとんど似たような表現なので、初めて見聞きした方にとっては、「いったいどこがどう違うのか」と首を傾げてしまうのではないでしょうか。

実は、「っつ」という言葉には「ずつ」という意味があり、例を示せば、「いっこっつ」という言葉があります。これは、甘楽だけでなく周辺地域でもよく使用される方言ですが、「一個ずつ」という意味になります。

最近、ある女性が焼鳥屋の店主に「一個っつ、くれる?」と注文するのをたまたま耳にしました。私もいまだに愛用する、懐かしい言い方でもあります。

恐らくその女性は、「一個っつ」という表現を子どもの頃に体得し、ずっと使用して来たのだろうと考えると、また別の感情が湧き上がってきます。子ども時代にも「一個っつ、ちょうだい」といったのだろうと想像すると、とても愛くるしさを感じるのです。

私も子ども時代から、「一個っつ」または「一つっつ」という言葉をよく使用してきました。周りの大人たちが「かわいい」と思ってくれたのかは、謎のままです。

甘楽では、「っつ」を使った他の言葉として、「ちっとっつ」（少しずつ）や「だんだんっつ」（だんだんと）という使い方もあります。

【五十三番】「ずでぇ」とは

「ずでぇ」という言葉を知っている人は、そう多くはないと思います。初めて聞いたという方にとっては、全く想像もつかない方言ではないでしょうか。

具体例を示すと、「ずでぇひでぇ話だったい」というように使用されます。意味は「全くひどい話だったよ」ということになります。

また、「ずでぇ遅れちゃったい」といえば、「ご免なさい、そんなつもりはなかったけど遅れてしまいました」というような意味になるのです。

では、「ずでぇ予定が狂っちゃったい」といった場合、どんな意味が考えられるでしょうか。「思いがけず予定が狂ってしまったよ」と捉えるのがよさそうです。

このように、「ずでぇ」は短い言葉ですが、一言で意味を述べることは難しく、「全く」「ずいぶん」「たいそう」など、やや曖昧なニュアンスを含んだ方言といえそうです。

【五十四番】「いっといで」と「いってくらぁ」

甘楽では、「いっといで」という言葉が、今でも広く使用されています。他の地域でも使用する方が少なくないかも知れません。「行っておいで」が訛ったもので、「行ってらっしゃい」、または「行ってきなさい」という意味です。

わが郷土では、親が子どもに「気をつけて行っておいで」というときに使用されます。私も妻を送り出す際に、一日一度はそんな気持ちを込めて使用しています。

しかし、自分が出かけるときに、甘楽の男衆は「行ってくらぁ」といいます。強く言い切る場合には、「行ってくらい」と使用するのです。さすがに甘楽の女衆は、せっちょうやき（世話やき）が多いものの、謙虚な気質のため、決してこの言葉を使用することはありません。女性は「行ってくるよ」、または「行ってきます」という誰にも通用する言葉を使用します。

不思議なことに、「行っといで」は男女兼用の言葉であるのに対して、「行ってくらぁ」や「行ってくらい」はもっぱら男性専用語となっているのです。

【五十五番】「おったまげる」は上州の方言か

上州では、「おったまげる」や「ぶったまげる」という言葉がよく使用されます。たいへん驚いたときには、「おったまげた」あるいは「ぶったまげた」と表現します。

この二つの言葉は、接頭語こそ異なるものの意味は全く同じで、「びっくりした」や「すごく驚いた」と捉えることができます。どちらを使用するかはお好み次第となりますが、別の甘楽弁で表現すれば、「まっさかたまげた」（すごく驚いた）がぴったり当てはまるようです。

何しろ群馬県民は、これらの言葉を日常茶飯事のように使用しているので、上州独自の方言ではないかと誤解している人も少なくありません。

しかし、「おったまげる」や「ぶったまげる」という言葉は、東日本を中心に全国でも広く使用する地域があるようです。

そもそも語源の「たまげる」という言葉は、漢字で「魂消る」と表記されます。要するに、もとは古くから使われてきた大和言葉（古語）であり、実は方言のようであって方言ではなさそうです。

　とはいえ、今でも上州や甘楽では常用される言葉なので、上州弁及び甘楽弁といっても間違いはありません。

　それにしても、「まっさか（実に）不思議な魂（霊力）を宿した言葉だ」といえるのではないでしょうか。

【五十六番】「げぇに」と「わざぁと」

　甘楽弁で使用される「げぇに」や「わざぁと」という言葉も、特別な光を放つ表現ではないでしょうか。

　「げぇに」とは、「強く」や「ちから一杯」ということを表す言葉であり、「げぇにたたく」といえば、「強く叩く」ことになります。言葉に魂が込められた感じが分かります。

また、「わざぁと」とは、「ほんの少し」や「少しばかり」という意味で、おおふうな（気前がよい）甘楽人が「わざぁと持ってきたんさぁ」といった場合、「ほんの少しだけど持ってきたよ」という意味になります。しかし、「わざぁと」とはいうものの、実際はほんの少しでない場合がほとんどです。

表現だけをみると、一般的に使用される「わざと」という言葉に似ていますが、他人の空似と同様で、意味は全く異なるものです。

「げぇに」や「わざぁと」は、甘楽弁になくてはならない特殊な方言なのです。

【五十七番】「せわぁねぇ」と「わっきゃねぇ」

甘楽弁でよく使用する「せわぁねぇ」と「わっきゃねぇ」という言葉は、意味が同じようではありますが、語源は全く違う言葉のようです。

「せわぁねぇ」は、もともと「するのに世話が要らない」ということであり、前半部分の「するのに」が省略された結果、「世話が要らない」（世話ない）が残り、「問題ない」とか「容易だ」という意味で使用されるようになったと考えられます。

いっぽう、「わっきゃねぇ」は「できないわけはない」が語源のように考えられます。意味は「できる」ということであり、いつしか前半部分の「できない」が省略された結果、「わけはない」が「わっきゃねぇ」と転訛《てんか》し、「できる」とか「容易だ」というときに使用されるようになったと考えられます。

どちらの表現も、昔は使っていた前半部分の言葉が省略されて完成した方言であり、ほとんど同じ意味で使用されています。

現在、「せわぁねぇ」や「わっきゃねぇ」という方言は、おじさんやおばさん言葉となっています。

最近、甘楽の女性や若者の間では「ねぇ」という言い方を嫌って、代わりに「せわぁない」や「わっきゃない」という準方言を愛用する人が増えています。

【五十八番】甘楽の「ちゃ」と「ちゃぁ」

甘楽弁では、「〇〇ては〇〇」という場合、「ちゃ」という表現を多用します。

動詞の後に「ちゃ」付けをし、さらに否定の「いない」を付けると、言葉が完成します。

具体例を挙げると、「見ちゃいねぇ」は「見てはいない」という意味であり、「しちゃいねぇ」は「してはいない」ということになります。

いっぽう、「ちゃぁ」は、「〇〇してはいけない」といいたいときに使用します。やはり、動詞の後に「ちゃぁ」付けをし、さらに禁止の「いけない」を付けると、言葉が完成するのです。具体例を示すと、「行っちゃぁいけねぇ」といえば、「行ってはいけない」という意味であり、「持っちゃぁいけねぇ」といえば、「持ってはいけない」ということになります。

しかし、この「ちゃぁ」という表現の場合は、肯定文でも通用するのです。「持ちゃぁいい」といえば、「持てばいい」という意味になります。肯定文の場合の「ちゃぁ」は、「○○すれば」というように、意味が変わるようです。

説明だけでは分かりづらい点もあると思います。違いの分かる甘楽脳を身に付けるためには、やはり習うより慣れろで、ネイティヴと会話を交わすのが最良の方法だと考えます。

なお、フーテンの寅さんの「それをいっちゃ（ぁ）おしめぇだよ」という名台詞《ぜりふ》が、頭をよぎります。東京の下町言葉のようですが、全く上州弁と変わりはありません。実際は「ちゃ」と「ちゃぁ」のどちらを発音しているのか定かではありませんが、東日本では広く通用する表現のようです。

【五十九番】「げ」という表現

「げ」という字を見て、「何それ？」と気になった人も多いのではないでしょうか。

何も難しい語ではなく、様子や気配、感じなどの意を表す「げ」のことです。特に上州や甘楽の方言というわけではありませんが、甘楽では独自の方言のごとく、日常会話の中によく登場してきます。漢字をあてれば「気」になるようです。

「楽しげ」といえば、「楽しそう」という意味になります。「楽しげなんでやってんべぇ」といえば、「楽しそうなのでやってみよう」ということです。また、「ほるもん揚げがんまげ」といえば、富岡名物の「ほるもん揚げが美味《うま》そう」ということになるのです。「利口げ」（利口そう）、「まずげ」（まずそう）、「疲れたげ」（疲れたようだ）、「嬉しげ」（嬉しそう）、「悲しげ」（悲しそう）、「熱げ」（熱そう）、「寒げ」（寒そう）など、簡単に様子を表す言葉が作れるので、甘楽人は多用するようです。

数年前に身近な若者の言葉を聞いてみると、「そうげ」や「なにげに」という言葉が頭に飛び込んできました。「そうげ」はすぐに「そうらしい」と理解できたのですが、「なにげ」＋「に」とは何だと考えると、何だか分かりません。そこで妻に聞くと、若者言葉で「何となく」という意味で使ってるげだと知りました。

しかし、何でも「げ」を付ければよいかというとそうではありません。言葉によっては不自然となり、使えるものと使わないものがあるようです。「何気に」という言葉のように、トレンド言葉にしてしまえば特例となるようですが……。

【六十番】「だっけ」という言葉

「だっけ」という言葉は、新潟県方面の方言という解釈もありますが、甘楽でも古くから使用してきた表現です。同時にこの表現は、甘楽に留まらず県内全域でも広く使用されています。相手の意思を確認するときによく使用する言葉です。

甘楽では、単純に「何だっけ」といえば、「何であるか」を教えてほしいというニュアンスになりますが、「そうだっけ」または「そうだっけか」といった場合、「そうか、そうだよね」というような意味合いがあります。別の甘楽弁で表現すれば、「そうなんかい」＋「そうだいねぇ」という対になる方言で置き換えることができそうです。

また、私が話し相手に「おめぇも行ぐんだっけ？」と尋ねる場合、ただ単に「行くかどうか」を聞くだけでなく、多くの場合、「君も行くんだよね」というような裏腹の気持ちも込めています。つまり、自分なりの思惑をもって相手の返答を求めているのです。

このように、「だっけ」という言葉には、二重の意味が込められることが多いようです。一見簡単な表現にみえますが、考えようによっては、てんで（とても）一筋縄ではいかない厄介な言葉だといえそうです。

【六十一番】「のす」のいろいろな意味

甘楽では、「のす」という方言があります。使い方によってさまざまな意味があり、とても厄介な言葉の一つです。

「乗り物をのしてくらぁ」といえば、「走らせてくるよ」という意味であり、運転者が同乗者に対して「まっとのしてもいいかい」といえば、「もっとスピードを出してもいいか」ということになります。地域によって「のす」は「のぅす」とも使用します。

三つ目の使用法として、「〇〇さんがのしてきた」という言い方があります。この場合、何か伝えなければ我慢できない事情があって、「わが家に押しかけてきた」という意味になります。当時の苦言の多くは子ども同士のトラブルであり、親が止むに止まれず「のしてきた」ということなのです。子どもはそんなことがあると、あとで親からこっぴどく叱られるのではないかと、恐々としたものです。

ほかにも、「人をこらしめた」というときや「うどん粉をこねる」など、広く使用されています。

今ではどの使用法もほぼ死語となり、地域でほとんど聞かれなくなりました。各地域によって使い方が異なるので、判断が難しい方言の一つといえそうです。

【六十二番】甘楽周辺でしか通用しない命令語

鏑川流域では、「しなさい」というときに、「すろ」といいます。

一般的には「しろ」や「せよ」が正しい使用法のようですが、「する」をそのまま命令形にする「すろ」を使うのは、全国的にも珍しいようです。私はこちらの方が単純で合理的な使い方だと思いますが、標準語から考えると非常識のようです。しかし、甘楽人は、知らない人に対していきなり「すろ」ということはありません。

また、「ください」というときに「くんろ」といいます。この言葉も単純明快で利に適った表現だと思いますが、全国で通用する言葉ではありません。

さらに、別の便利な言い方として、「〇〇ない」という表現（【三十二番】で紹介済み）をよく使用します。例えば、「くれ」という言い方はあまりにもストレートで強い表現なので、「くんない」という言葉を使用します。大人は子どもに対して「食べろ」とはいうものの、他人には「食べない」と勧めるのです。

要するに、「くんろ」や「くんない」「食べない」は他人に配慮した表現なのです。このような言葉は、初めて聞く人には強烈に聞こえる表現かも知れません。甘楽人にとっては、思いやりのある言い方だと考えて使用しているのです。

【六十三番】「ちがわい」という表現

甘楽では、「違うよ」と断定するときに「違わい」という言葉が使用されます。

当然「違う」という語から派生した表現ですが、一見「違わない」の「な」という文字が抜け落ちただけなのかと考えると、もともとの意味は「違ってはいない」ということであり、実際の「違わい」とは正反対の意味になってしまいます。

実は、「違う」の未然形「違わ（ない）」に「よ」に当たる「い」が結び付いてできた言葉のようです。

単純に「違うよ」といえば全く問題がないのに、甘楽弁ではわざわざ「違わい」という表現を使用し、まっさか（実に）成り立ちが奇なる言葉といわざるをえません。

ほかにも同様に使用する例がないのか、経験則を頼りに探してみると、「使わい」や「喰わい」「洗わい」などが浮上してきます。どの表現も動詞の基本形は、「使う」「喰う」「洗う」など、「う」で終止していることが分かります。先の道理を当てはめれば、「使わい」（使うよ）や「喰わい」（喰うよ）、「洗わい」（洗うよ）という表現が完成するのです。

しかし、なぜ動詞の未然形＋「い」が断定の意を表す言葉になるのか、浅学の私には、これ以上の言及はできません。

ただ一ついえることは、「甘楽人はこのような使用法を先人から口伝えで継承してきたのであろう」ということです。

【六十四番】「てんでんこ」という言葉

東北地方の大震災の際、「命てんでんこ」という言葉が人命を救ったというニュースが流れました。三陸方面では、昔から「津波起きたら命てんでんこだ」と伝えられ、「自分の命は自分で守れ」と教えられてきたといいます。

そのニュースを聞いたときに、私は子どもの頃、甘楽でも聞き覚えのある言葉だなと不思議に思いました。当時を回想してみると、「それぞれ」という意味で「てんでんバララ」という言葉をよく使用していたことが思い出されます。

ところが、昭和五十年前後の地域情報紙をみると、甘楽でも「てんでんこぅ」という言葉を使っていたことが記されています。やはり、ほぼ同じ言葉が地域でも使用されていたことが確認できました。

「てんでんこ」という言葉は、もともと東北発祥の方言かも知れませんが、昔は各地で使用されていた言葉のようです。

しかし、今では「てんでんこ」という言葉を聞くと、なぜか『花は咲く』（復興支援ソング）が思い出され、心を揺さぶります。

【六十五番】「てぇげぇ」という方言

沖縄県には、「テーゲー」または「てーげー」と一般表記される有名な方言があります。意味は「大体」や「適当」と捉える場合が多く、ウチナンチュー（沖縄の人）の間では「いい加減」というときにも使用されるようです。

では、沖縄弁の「テーゲー」という言葉を長音符（ー）を使わず平仮名表記すると、どうなるでしょうか。実際には微妙な言い回しの違いもあるかも知れませんが、「てぇげぇ」と表記することができます。

実は、この「てぇげぇ」という言葉は、沖縄から遠く離れた上州（群馬県）でも古くから使用してきた訛り表現です。

「てぇげぇ」の語源は「大概《たいがい》」であり、上州訛りの結果、「てぇげぇ」となったようです。群馬県内では二通りの使い方があって、「大体」という意味で使用する場合と、「いい加減」という意味で使用される場合があります。

甘楽でも、沖縄が本土復帰となる以前から「いい加減にしろ」というときに「てぇげぇにすろ」と、子どもは大人から注意されたものです。今でも私の世代はよく使用する方言です。

しかしながら、甘楽では、「いい加減な人」のことを「てぇげぇ人」とはいわず、「ええかんべぇ」「ええかんぺぇ」「ええからかん」と呼んでいます。

今では琉球語として取り上げられる向きも多いようですが、実は古くから上州をはじめ東日本の各地で使用されてきた言葉のようです。

ただし、実際に広く沖縄で使用されている言葉なので、沖縄弁ということに異論を挟む気持ちはありませんが、同時に上州弁であり甘楽弁なのです。

【六十六番】「きえやぁしねぇ」という言葉

この言葉を聞いて、何となく意味が分かるという人は、もう立派な甘楽弁の使い手だと思います。甘楽流の言い方をすれば、「はぁおにしゃぁとほうずもねぇえれぇ甘楽人」（もうあなたはとんでもなく立派な甘楽の人）といえそうです。今となっては死語になっている語も含まれているので、甘楽人でも分かる者は少ないと思います。

さて、本題の言葉ですが、例えばテレビの電源を消そうとしてなかなか消えないというときに、「消えやぁしねぇ」と使用します。これは、地域にどっぷり浸《つ》かっている私の口からとっさに出た言葉です。

しかし、このような言い方は、今でも甘楽弁愛好者の間ではよく使用する表現です。

標準語ではどういう意味かというと、「なかなか消えない」または「全く消えないなぁ」ということになります。単純に「消えねぇ」という表現を使用すればよさそうですが、そこは熟練された甘楽流の訛りであって、若者にはとても真似をしても使いこなせない表現かも知れません。

どうやら、語源の「消えはしない」が転訛した結果、「消えやぁしねぇ」という独特な甘楽弁が生まれたようです。

ただし、この言い方はネイティヴでも熟達者が使用することが多く、表現上はちっと（少し）の違いですが、一般的に「消えやぁしない」という表現が好まれています。

【六十七番】行為を強調するときに使用する「し」

「ねらんねぇし」という表現を聞いて、すぐに見当がつく人は、かなり甘楽弁の上達者だと思います。うっかり聞き間違えれば、それは東欧のベラルーシ周辺にある国だろうか、はたまた、どこにそんな市があるのだろうと考え込んでしまうかも知れません。

ここで使用している「し」は、「ねられねぇし、かといって、起きちゃぁいられねぇし」というようなときに使用する「し」のことです。

本来並列で使うべき「し」を、あえて単独で使用することによって、最も自分がいいたい行為を強調する使用法です。「ねられない」ということを強調しているのです。

別の例を挙げれば、「頭が痛くて喉《のど》はいてぇし、咳《せき》は出るし、食欲はねぇし」という言い方があります。「喉はいてぇ」を強調したい場合、あえて「咳は出るし」と「食欲はねぇし」という事柄を省略し、「喉はいてぇし」だけを話すのです。今では甘楽人すべてが使うわけではありませんが、甘楽人であれば違和感なく理解することでしょう。

【六十八番】リズム感や響きがある言葉

「へんてこりん」や「へんちくりん」（奇妙）、「ちんぐはぐ」「いっちくだっちく」（ちぐはぐ）、「つんつるてん」（服が短い）、「てんでんばんこ」（順番）、「たんびたんび」（たびたび）、「おっつけひっつけ」（そのうち）、「ねんじゃねん」（ないだろう）、「めためた」（何度も何度も）など、挙げたらきりゃぁねぇ（枚挙にいとまがない）独特な表現は、どれも人を惹き付ける不思議なリズム感と響きをもっています。

これらの言葉の多くは甘楽生まれというものではありませんが、甘楽でもよく使用されてきた言葉ばっかし（ばかり）です。行動範囲や視野が狭い子ども時代の私は、へんてこな言葉すべてが郷土特有の方言だと信じ込んで、生意気にも使用していました。それも成長するにつれて、違うことがだんだんっつ（だんだんと）分かってくるのです。

それにしても、なんとも不思議なニュアンスをもつ言葉のオンパレードでしょう。あなたは、聞き覚えのある言葉がいくつぐらいありましたか。

どの表現も、もとは古語であったり地方の方言だったりした言葉が、だんだんっつ全国に広まっていったようです。今となっては甘楽でも死語になりつつある表現もみられますが、わが郷土を代表する「おっつけひっつけ」「ねんじゃねん」「めためた」などの言葉は、県外で流行することもなく、甘楽や周辺での限定使用語となっています。私はどの表現も存在感があり、てんで（とても）味わいのある方言だなと考えています。

【六十九番】数量の多少を表す言葉

数量を表す言葉には、地域ならではの独特な表現がたくさんあります。

甘楽や周辺の地域では、少量を表す場合の言葉として、「あれっちんべぇ」（わずか）、「うんとちっと」（ほんの少し）、「わざぁと」（ほんの少し）、「ちっと」（少し）、「ちっとんべぇ」（少しばかり）などの方言がよく使用されてきました。

逆に数量が多い場合、「きりゃぁねぇ」（際限がない）、「あてこともねぇ」（途方もなくたくさん・非常に多い）、「うんといっぺぇ」（てんこ盛り・目いっぱい）、「とくせぇ」（いっぱい）、「うんと（んと）」（たくさん）、「さんざ」（いっぱい・たくさん）、「てんで」（全く・だいぶ）、「なっから」（だいぶ・ずいぶん）、「めためた」（何度も何度も）、「めた」（何度も）などの方言が使用されたのです。

どの表現も基準は使い手にあり、当然使用する人によって感性が違うので、具体的にどのくらいの差があるのか、甘楽人である私でも明言することはできません。

しかし、このような言葉を使用するとき、甘楽人はどんな顔をしていうのか、想像するだけでも面白いのです。

【七十番】甘楽を流れる河川も方言か

最後に歴史的な話をしたいと思います。

最も広範囲に及んだときの甘楽郡には、大河が二河川もありました。一つは「鏑川《かぶらがわ》」であり、もう一つは「神流川《かんながわ》」と呼ばれています。二つの河川名をみると、何か響きが似ているとは思いませんか。

歴史的に、甘楽は朝鮮半島の韓《から》（加羅）からの渡来人が多く定住したことから、「から」→「かんら」と呼ばれるようになったというのが定説です。

しかし、甘楽に同名の河川が二つあったら混同してしまいます。その結果、発音が「かぶら川」と「かんな川」に分かれたようです。

こう考えてくると、河川名も方言ではないかと考えるのは私だけでしょうか。訛り言葉

が方言の一つだと考えれば、こうした変化も
方言に通じるものがありそうです。

五　動詞の甘楽流活用法

私は言語学の素人であり細かな説明はできませんが、学生時代に習った動詞の活用形について、甘楽弁の活用語尾も含めてその変化をみていきたいと思います。

【一】方言「ちゃぶく」という動詞の活用形

甘楽特有の方言として、「ひっちゃぶく」や「ちゃぶく」という言葉があります。どちらも意味は「破く」ということですが、「ちゃぶく」に比べて「ひっちゃぶく」の方が引っ張るように激しく破ることになります。

甘楽弁ではその活用形が面白いので、まずは「ちゃぶく」を例に紹介します。

基本形	未然形	連用形	終止形	連体形	仮定形	命令形
ちゃぶく	ちゃぶかねぇ ちゃぶくんべぇ	ちゃぶかぁ	ちゃぶく	ちゃぶくとき	ちゃぶきゃぁ ちゃぶくんだら	ちゃぶきな ちゃぶきない

※「ちゃぶく」は「ちゃばく」とも使用し、その場合は「ぶ」音が「ば」音に変わります。

【二】その他の動詞の活用形

基本形	未然形	連用形	終止形	連体形	仮定形	命令形
行ぐ	いがねぇ いぐんべぇ	いがぁ	いぐ	いぐとき	いぎゃぁ いぐんだら	いぎな いぎない
来る	きねぇ くべぇ	くらぁ	くる	くるとき	くりゃぁ くるんだら	きな きない
あすぶ （遊ぶ）	あすばねぇ あすんべぇ	あそばぁ	あすぶ	あすぶとき	あそびゃぁ あすぶんだら	あすびな あすびない
なす	なさねぇ なすんべぇ	なさぁ	なす	なすとき	なしゃぁ なすんだら	なしな なしない
とぶ	とばねぇ とんべぇ	とばぁ	とぶ	とぶとき	とびゃぁ とぶんだら	とびな とびない
しゃじける	しゃじけねぇ しゃじけんべぇ	しゃじけらぁ	しゃじける	しゃじけるとき	しゃじけりゃぁ しゃじけるんだら	しゃじけな しゃじけない

くれる	くんねぇ くれべぇ	くれらぁ	くれる	くれるとき	くれりゃぁ くれるんだら	くんろ・くんな くんない
やる	やんねぇ やんべぇ	やらぁ	やる	やるとき	やりゃぁ やるんだら	やんな やんない
する	しねぇ すんべぇ	すらぁ	する	するとき	すりゃぁ するんだら	すろ・しな しない
はっけぇす	はっけぇさねぇ はっけぇすべぇ	はっけぇさぁ	はっけぇす	はっけぇすとき	はっけぇしゃ はっけぇすんだら	はっけぇしな はっけぇしない

※微妙な言い回しがあって、すべてを網羅しているわけではありません。

※あくまでも甘楽弁の甘楽流活用であって、一般的な活用形は含めていません。地域によって別の活用形があるかも知れません。

※甘楽弁で「くれる」という表現は、「他人に与える」というよりも「自分に与えてほしい」というニュアンスの方が強いので、注意が必要です。

六　甘楽弁五十選

数ある甘楽弁の中から、自分勝手に好きな言葉を厳選してみました。どのくらい理解できるでしょうか。

【一番から二十番まで】

番	甘楽弁	意味
一	ぼっとかして	偶然に
二	めた	何度も
三	みちょう	みたい
四	わっきゃねぇ	簡単だ・容易だ
五	ねんじゃねん	ないよね
六	ずでぇ	全く・ずいぶん
七	げぇに	強く
八	ええかんべぇ	いい加減な人
九	はぁけぇるんきゃ	もう帰るんかい
十	なす	借りた物を返す
十一	なっから・なから	だいぶ
十二	くんない	ください
十三	ねんさぁ	ないんだよ
十四	だんべや	だろうな
十五	行ってくらぁ	出かけてくるよ
十六	ちっとっつ	少しずつ
十七	ちっとんべぇ	ほんの少し
十八	ひぃとりでぇに	自然と
十九	てんごう	いたずら
二十	ひっちゃぶく	やぶく

【二十一番から五十番まで】

番	甘楽弁	意味	番	甘楽弁	意味
二一	せっこう	まめに働くこと	三六	たぁごと	たわごと
二二	せっちょう	世話・面倒	三七	ぐらかす	ごまかす
二三	行って来るぐれぇ	相当な開きがある	三八	やっとこさっとこ	やっとのことで
二四	ぶちゃぁる	投げ捨てる	三九	おおまくれぇ	大食い
二五	おやげねぇ	かわいそう	四十	むてっこじ	無茶・無鉄砲
二六	よっぴてぇ	夜通し・一晩中	四一	てんずけ	いきなり
二七	こしゃう	作る	四二	ひっつむ	つねる
二八	おてんたら	おべっか・お世辞	四三	むぐす・もぐす	くすぐる
二九	しゃいなし	悪ふざけ	四四	てんで	全く・とても
三十	しゃじける	ふざける	四五	さきんな	さきほど
三一	あてこともねぇ	とんでもない	四六	おしゃぁるく	歩き回る
三二	おっつけひっつけ	そのうち・続いて	四七	そらっこと	ほら話・作り話
三三	くっかく	口で割る	四八	おひゃらかし	ひやかし
三四	まるっきしゃ	まるっきり	四九	おっぴしょげる	つぶれる
三五	ちんとろちげぇ	血だらけ・血だるま	五十	しゃやねぇ	つまらない

七　甘楽弁を支えた甘楽人の郷土食

甘楽弁を理解するには、その背景となる甘楽人の食文化を知ることも重要だと考えます。ここでは、甘楽弁ばっかし（ばかり）でくたびれた脳のブレイクタイムとして、甘楽人がどんな食べ物（喰いもん）を好んで食べてきたのか、簡潔に紹介します。

【一】思い出の喰いもん二十選

（一）おっきりこみうどん（上州名物で、醤油味と味噌《みそ》味がある）
（二）しょうぎうどん（しょうぎ〔ざる〕に盛られた小分け〔ぼっち〕うどんを汁につけて食べる）
（三）五目めし（ニンジン、ゴボウ、シイタケ、コンニャク、ちくわ、油揚げなどの具）
（四）じりやき（うどんやもちとともに粉食文化の代表格、韓国風チヂミに似ている）
（五）灰やきもち（ほうろく鍋で焼いた後、掘りゴタツやいろりの灰にくべて温めた）
（六）やきもちのおよごし（切ったやきもちを、味噌、砂糖、煎りゴマのたれで和えた物）
（七）おじや（残って冷めたごはんを卵や野菜などを入れて水炊きをした雑炊）

（八）　ぼたもち（季節で「お萩」と呼ぶこともあるが、甘楽では通常「ぼたもち」という）
（九）　おでん（もっぱらコンニャクの「味噌田楽」のことをいう）
（十）　いもぐし（ジャガイモや里芋を串に刺し、味噌を付けて焼く）
（十一）つみっこ（今でいう「すいとん」のこと。うどんをこねないで簡単に作れる）
（十二）すし（もっぱら「いなり寿司」とでんぶや干瓢《かんぴょう》が入った「海苔《のり》巻き」であった）
（十三）蒸しパン（黒糖を使った蒸しパン）
（十四）田舎かりんとう（ふっくらとしたかりんとう）
（十五）味噌おにぎり（海苔の代わりに味噌をつけたおにぎりのこと）
（十六）やきおにぎり（醤油を付けて焼いたおにぎり。味噌おにぎりを焼く場合もある）
（十七）田舎まんじゅう（あんこを包み重曹を使ってふっくらと蒸《ふ》かす）
（十八）竹の子ごはん（季節の混ぜごはんで、別に「栗ごはん」ということもあった）
（十九）鮭のしょうびき（正月には玄関に吊《つ》るした塩引き鮭《さけ》の切り身を食べた）
（二十）ねぎ味噌（細ねぎを刻み味噌と和えた物。下仁田ねぎの場合は焼いて食べた）

※この中で、やきもちや蒸しパン、田舎かりんとう、田舎まんじゅうなどは、おこじはん（おやつ・間食）として、母親がよく作ってくれた思い出があります。

【二】甘楽の三大郷土食

私の好きな甘楽の三大郷土食といえば、「おっきりこみうどん（おっきりこみ）」と「じりやき」と「やきもちのおよごし」があります。中には「しょうぎうどん」や「まんじゅう」、「田舎かりんとう」などを挙げる人もいることでしょう。

何しろ上州（群馬県）は、粉食文化の土地柄なので、小麦粉を使った食べ物はバラエティに富んでいます。

【おっきりこみについて】

まず、おっきりこみは、上州では定番中の定番です。上州人であれば、食べたことがない人はいないでしょう。私の子ども時代、毎日夕食はしょうぎうどんかおっきりこみと決まっていました。ご飯ばかり食べていると飽きてしまうので、今でも私は、夕食におっきりこみを食べることが多いです。

味噌仕立てと醤油仕立てがあり、わが家は味噌仕立てがほとんどでした。

おっきりこみうどんのこ（具材）は、大根や人参《にんじん》、ごぼう、きのこ、ねぎ、里芋など家の畑でとれる根菜類と油揚げを入れて煮込みます。基本的に根菜類は何を入れてもよいので、日によって具材が違うおっきりこみとなるのです。

関東以外の人々には、上州名物のおっきりこみと甲州名物のほうとうを勘違いされる方が多いようです。近県同士なので似通っていますが、決定的に違うところは、ほうとうには必ずカボチャが入っているというところです。

おっきりこみは、「たてっけぇし」といって、翌日さらに温め直すと、うどんにとろみが増してさらに美味しくなります。

【じりやきについて】

次に、じりやきは、誰でも容易に作れる郷土食です。作り方はお好み焼きとほぼ同じです。作り方を簡単に説明すると、最初に①小麦粉を水で溶き、②粒味噌（麹《こうじ》味噌）を入れてよくかき混ぜる。③ざく切りのキャベツを入れたら、生地は完成です。続いて、④フライパンに少し多めにサラダ油を引いて熱した後、⑤お玉で生地を入れ、⑥両面を焼いてお皿に盛り付けたら完成です。

焼くときに「ジリジリ」という音がするので、「じりやき」といいます。

味が変わってしまうので、甘楽では、お好み焼きのように卵を入れることはありません。甘楽風お好み焼き、甘楽風ピザとでもいえるでしょうか。韓国のチヂミに最も近いかも知れません。味は素朴ですが、食べれば食べるほどに癖になる美味しさです。

【やきもちのおよごしについて】

最後に、やきもちのおよごしです。私にとっては何とも懐かしいおふくろの味です。今では、各家ともほとんど作らなくなり、滅多に食することはありません。昔はほうろく鍋でやきもちを焼き上げました。

できたやきもちは、そのまま食べても美味しいです。また、へっついや掘りゴタツなどの灰に混ぜて保温する「灰やきもち」も、たいへん懐かしい味です。現在は家で薪《まき》や炭を扱うことがないので、灰やきもちは幻の食べ物といえるでしょう。

甘楽の隣の信州（長野県）には、名物のおやきがあります。あんとして野菜などの具材がたっぷり入っている点で、上州名物のやきもちとは異なっています。

本題のやきもちのおよごしの作り方を紹介します。

まず、①小麦粉に少量の重曹を混ぜ、その中にみじん切りにした季節の葉もの（山椒《さんしょう》や青じそなど）や粒味噌、砂糖を加えて混ぜ合わせる。②水は少しずつ静かに入れ、耳たぶくらいの柔らかさになるようにこねる。③できたもちは、小分けにして平らに丸める。④フライパンやホットプレートを使って火が中まで通るよう、弱火でゆっくりともちの表裏を焼くと、やきもちの完成です。

さらに、およごしにするにはもうひと手間が必要となります。⑤焼けたやきもちを三角切り（一つの丸いやきもちから四隅を切り離し、残った正方形を対角線で切り四つの直角三角形を作る。甘楽流はなぜか三角切りですが、棒状でも可）にする。⑥味噌、砂糖、煎りゴマなどを混ぜ、加熱してたれを作る。⑦三角切りのやきもちとたれを絡めたら完成です。上州名物の焼きまんじゅうにも似ていますが、味は絶品です。

どの料理も、味噌がミソのようです。知ったかぶりして手前味噌のような説明までしちゃった（してしまった）私ですが、料理は全くの専門外でほとんどしません。どっちかっちゅうと（どちらかというと）、食べるのが専門の甘楽男児です。

甘楽弁でいえば、「てんでええからかん」（全くいい加減）な説明で「わかりっこねぇ」（わかるはずがない）という言葉が返ってきそうですが、ぜひ一度試してみてください。失敗することも考慮して、最初は少量で試してみることをお勧めします。

八　甘楽脳になるための実践編

【二】甘楽弁の作文を読んでみよう

甘楽弁に慣れ親しんでもらうため、甘楽弁で文章をまとめてみました。甘楽弁の世界を存分に味わってみてください。声に出して読んでみると、おかしさが倍増することでしょう。

①『知ってるっきゃ／かんら弁』

ちょっくら　めしくいにいってくらぁ。おめぇもいっしょにくるっきゃ。いぐんだらのしていくでぇ。あんとこのめしてんでうんめんだいのぅ。そいで　でがあだけありゃぁこてぇらんねぇんだいなぁ。こいだら　おめぇもまぁずよろこぶだんべぇ。はぁいってんべぇや。かねはだしっこでいいかや。

◎どのくらい分かったでしょうか。意訳は次のようになります。

ちょっとの間、ご飯を食べに行って来るね。きみも一緒に行ってみるかい。行くなら車に乗せていくよ。あそこのご飯はとても美味しいんだよ。それで、量があれほどあれば、満足で文句のつけようがないんだよ。これならきみも本当に喜んでくれると思うよ。さっそく行ってみようよ。お金はお互いに支払うということでいいかな。

②『養蚕に関する老人の主張』（農家の方に聞いてまとめました）

皆々様、世界中で一番ちいせぇ家畜って何だか知ってるかい。そりゃぁなんかと申しますと、お蚕《かいこ》です。おらほうの甘楽じゃぁ、昔から養蚕がものすげぇ盛んで、どこんちもお蚕が飼われていたんだい。お蚕は家畜なんで、一頭、二頭と数えたんだいね。

お蚕の飼育時期になりゃぁ、各農家じゃぁ数万頭の家畜が飼われたんだい。百頭や二百頭どころじゃぁねんだい。まぁずバラックが牧場みちょうに見えるんだいね。

農家じゃぁ、まぁんち桑取りしてお蚕に与えるんだい。お蚕は桑の葉いげぇは何も食べねぇんだいねぇ。桑ばっかし喰って、体重も卵の時にくらべりゃぁ一万倍にもなるんだい。大桑の時期にゃ、そりゃぁえれぇがさの桑が必要で、農家じゃぁ飯かっ食らい、朝っぱらから晩方遅くまで働いたもんだい。

上州のかかぁはせっこうがいいんで「かかあ天下」ちゅうふうに言われるんだけんど、かかぁだけじゃなく、男衆もすげぇせっこう者が多かったんだいね。養蚕農家じゃぁ、お蚕のことを「御蚕様《おこさま》」ってゆっていたんさねぇ。そんぐれぇお蚕は農家にとっちゃぁでぇじなもんだったんだいねぇ。

お蚕飼うんはおおごとだけんど、農家じゃぁぜねになるんで、いっとうでぇじな仕事だったたっちゅう話です。

【意訳】

皆さんは、世界中で最も小さい家畜をご存じですか。それは何かといいますと、お蚕のことです。甘楽一帯は、昔から養蚕業がとても盛んで、ほとんどの農家で蚕が飼育されていました。蚕は家畜なので、一頭、二頭と数えました。

蚕の飼育時期には、各農家で数万頭の家畜が飼育されました。百頭や二百頭どころではありません。まるでバラックが牧場のようです。

農家では、毎日桑を取ってきて蚕に与えます。蚕は桑の葉以外は一切食べません。桑だけを食べて、体重も卵の時の一万倍にもなります。大桑（蚕が繭《まゆ》を作るためにたくさんの桑を食べる）の時期になると、相当の量の桑が必要になり、農家では食事も簡単に済ませ、朝早くから夜遅くまで働きました。

上州の奥さんはよく働くので「かかあ天下」といわれますが、奥さんだけでなく男性もたいへん働き者が多かったのです。養蚕農家では蚕のことを「おこさま」と呼んでいました。そのくらい蚕は、農家にとって大切なものでした。

蚕の飼育はとても大変な仕事（おおごと）でしたが、農家では現金収入を得られる最も重要な仕事だったという話です。

③『古い甘楽弁で話しかけるカーナビ』（想定）

（一）おはようがんす。朝ぱら七時きっかしだい。今日もいい天気だいねぇ。どけぇ行ぐんだい。てんずけセットしない。せっちょうだいのぅ。そいじゃぁ、出かけるかい。

（二）とっつき右に曲がってくんない。おっつけ右に曲がりない。そのまんま三キロ以上、道なりだでぇ。こんだぁ、七百メートルばっかし先を左に曲がってくんな。

（三）三百メートルばっかし先を左に曲がんない。はぁ曲がるんきゃ。まっと先だでぇ。

（四）あちゃ、てんずけ曲がっちゃったんかい。まぁようがんしょ。そいじゃぁ二百メートルばっかし行ぎゃぁ、右に曲がんない。そうすりゃぁ、おんなし道に出らい。

（五）昔だら、はったぁされたでぇ。そこん所右に曲がんない。そうすりゃぁ、しばらくまっすぐだでぇ。こんだぁ三百メートルばっかし先を左に曲がるんだでぇ。平気かい。

（六）はぁ百メートルになったでぇ。あっ、また間違ったんかい。わけぇねぇ。そっちぃ行ぐかい。しょうがんめぇ。そこいらでめぐって元に戻んない。

（七）さっきんなの道は左に曲がるんだで。曲がってちょっくら行ぎゃぁ左だでぇ。こんだぁまちげぇねぇよう頼まい。そこを曲がりゃぁ、はぁ目的地だい。お疲れでがんす。

（八）やっとこさ着いたいねぇ。事故らねぇでよかったい。今日の運転は六十点ぐれぇだい。

【意訳】

（一）おはようございます。早朝七時ちょうどです。今日もよい天気ですね。どこに行くのですか。最初に目的地をセットしてください。面倒だよね。それでは出かけますか。

（二）最初の角を右に曲がってください。まもなく右に曲がってください。そのまま三キロ以上、道なりです。今度は、およそ七百メートル先を左に曲がってください。

（三）およそ三百メートル先を左に曲がってください。もう曲がるんですか。もっと先です。

（四）ええ、いきなり曲がってしまいましたか。まぁいいでしょう。それでは、およそ二百メートル行ったら、右に曲がってください。そうすれば、同じ道に出ますよ。

（五）昔ならば、殴られたでしょうね。すぐそこを右に曲がってください。そうすれば、しばらく直進です。今度はおよそ三百メートル先を左に曲がるのですよ。大丈夫ですか。

（六）もう百メートルになりました。えっ、また間違えましたか。若いですね。そっちに行くとは思いませんでした。しょうがないですね。近くで回って元に戻ってください。

（七）さっき通って来た道は左に曲がるんですよ。曲がって少し行けば左ですよ。今度は間違わないようにお願いします。そこを曲がれば、もうすぐ目的地です。お疲れ様です。

（八）ようやく到着しましたね。事故を起こさなくてよかったです。今日の運転は、およそ六十点くらいです。

【二】甘楽弁実践講座

次に掲載する会話文は、あくまでも甘楽弁に慣れていただくために想定した例文であり、実際の会話を収録したものではありません。どのくらい理解できるでしょうか。

【第一話】孫とじいじの会話

(孝くん)じいちゃん、ゲームのソフトを買ってちょうだい。
(じいじ)何でそんなんが欲しいんだや?
(孝くん)クラスのみんなが持ってて、僕だけ持ってないんだよ。
(じいじ)そうかい。そりゃぁ親げねぇのぅ。ママに聞いてみな。
(孝くん)ママがじいじに買ってもらいなと言ってたよ。
(じいじ)そんじゃぁ、じいじが買ってくれてもいいんだいなぁ。
(孝くん)うん。そう言ってたよ。お願い、買ってくれる?
(じいじ)しょうねぇだんべ。孝が勉強がんばるんだら、買ってやんべぇ。
(孝くん)うん、わかった。勉強もがんばるよ。
(じいじ)そいじゃぁ、これから店でも行ってみるかや?

【第一話の意訳】
（孝くん）じいちゃん、ゲームのソフトを買ってちょうだい。
（じいじ）何でそんな物が欲しいんだい？
（孝くん）クラスのみんなが持っていて、僕だけが持っていないんだよ。
（じいじ）そうなんだ。それはかわいそうだな。ママに聞いてみなさい。
（孝くん）ママがじいじに買ってもらいなさいと言っていたよ。
（じいじ）それでは、じいじが買ってやってもいいっていうことだよな。
（孝くん）うん。そう言ってたよ。お願いだから買ってもらえる？
（じいじ）仕方ないよな。孝が勉強をがんばるなら、買ってやろう。
（孝くん）うん、わかった。勉強もがんばるよ。
（じいじ）それでは、さっそくこれから店に行ってみるかい？

【第二話】高齢者同士の会話
（政さん）秀ちゃん、おめぇいくつになったい？
（秀さん）俺かい。今年で八十の大台にのったい。政ちゃんはいくつだい？
（政さん）おりゃぁ、はぁ八十二だい。年は取りたくねぇやぃなぁ。
（秀さん）そうだいなぁ。けど、政ちゃんはみたっくれもほんとわけぇよっ。

（政さん）そんなこたぁねぇよ。おめぇより二つ上だでぇ。

（秀さん）けど、あと二十年は達者でいてぇなぁ。こんなこんで死んじゃいらんねぇよ。

（政さん）そうだいなぁ。おめぇは達者だから、まだまだ死にゃぁしねぇよ。

（秀さん）政ちゃんだって元気だもん。まだまだ死にっこねぇよ。

（政さん）いつんまでも元気で、楽しく生きていぐんべぇや。

（秀さん）人生楽しまなきゃぁな。おりゃぁ、ゴルフでもやってんべぇかと思うんだい。

（政さん）グランドゴルフかい。やったこたぁねんだっけ？

（秀さん）違わい。テレビでやってるあれさぁ。一緒にどうだい？


【第二話の意訳】

（政さん）秀ちゃん、お前さんは、今年で何歳になったの？

（秀さん）俺かい。今年で八十歳の大台にのったのさ。政ちゃんは何歳だい？

（政さん）俺はもう八十二歳になったよ。年は取りたくないよなぁ。

（秀さん）そうだよね。でも、政ちゃんは見た目も本当に若いよ。

（政さん）そんなことはないさ。お前さんより二歳年上だよ。

（秀さん）でも、あと二十年は元気でいたいね。こんなことで死んではいられないな。

（政さん）そうだよね。お前さんは元気だから、まだまだ死なないよ。

（秀さん）政ちゃんだって元気だもの。まだまだ死ぬことはないだろうよ。

（政さん）いつまでも元気で、楽しく生きていこうよ。

（秀さん）人生楽しまなければね。俺はゴルフでもやってみようと思ってるのさ。

（政さん）グランドゴルフかい。やったことはなかった？

（秀さん）違うよ。テレビで放映しているあれだよ。一緒にやってみるかい？

【第三話】友人の南さんと北さんの会話
（南さん）よう、おらぁ、あさっぱら、ちょっくらしもんたに行ってきたんさぁ。

（北さん）なんじゃい。しもんたのどこ行ってきたんだい？

（南さん）道の駅があるだんべぇ。ねぎ買うべぇと思って行ったんさねぇ。

（北さん）そいで、ねぎ買えたんきゃぁ？

（南さん）けど、あっさぱらだんべぇ、店があいてねんだいなぁ。

（北さん）そいでどうしたい。まっさか買わねぇでけぇってきたんじゃあんめぇ。

（南さん）そんなこたぁしねぇよ。ちっと待って買ってきたんさぁ。

（北さん）いいねぎがあったんかい？

（南さん）そりゃぁとくせぇあってふたっぱこ買ったんだけど、だんだんっつ行ぐと、こんにゃくもあって買っちゃったい。

（北さん）えれぇいい買いもんができたげじゃねぇ。高かったんべぇ。

（南さん）あんじゃねぇ。娘のとこに送ってやるべぇと思って、はぁ送ってきたんだい。

（北さん）えれぇね。娘も喜ぶだんべぇ。

（南さん）ちったぁ喜ばしてやんなきゃぁな。俺んちの娘知ってるんだっけか？

（北さん）そりゃぁ知ってるさぁ。ほんと、おめぇはせっちょうやきでえれぇやなぁ。


【第三話の意訳】


（南さん）やぁ、俺は朝早く、少しの時間を使って下仁田に行ってきたんだよ。

（北さん）どうして。下仁田のどこへ行ってきたの？

（南さん）道の駅があるだろう。ねぎを買おうと思って行ってみたんだよ。

（北さん）それで、ねぎは買えたかい？

（南さん）しかし、朝早かったから、店がまだ開いていなかったんだよ。

（北さん）それでどうしたの。まさか買わないで帰ってきたわけではないよね。

（南さん）そんなことはしないよ。少し待って買ってきたよ。

（北さん）いいねぎがあった？

（南さん）それはいっぱいあって、二箱買ってきたけれど、少しずつ歩いていくと、こんにゃくもあったので買ってしまったよ。

（北さん）たいへんいい買い物ができたようだね。さぞ値段が高かったろう。

（南さん）大したことはないよ。娘の所に送ってやろうと思って、もう送って来たのさ。

（北さん）偉いね。娘もきっと喜ぶだろう。

（南さん）少しは喜ばしてやらなければね。わが家の娘を知っているよね。

（北さん）それは知ってるよ。本当にあなたは面倒見がいいので、偉いと思うよ。


【第四話】東京へ行って標準語について話す二人の上州男児
（東くん）おめぇ、よぉく話を聞いてりゃぁ、えれぇなまってんなぁ。

（西くん）そんなこたぁねぇよ。おめぇの方がなまってらい。

（東くん）そうかな。おりゃぁ、ほぼ標準語だでぇ。

（西くん）まぁずよく言うよ。僕の方が標準語にちけぇで。

（東くん）第一、東京だって「べらんめぇ」とか言うだんべ。同じようなもんじゃねん。

（西くん）「べらんめぇ」なんて言う東京人はどこにいるん。そりゃぁ江戸弁と違うか。

（東くん）そうさぁ、江戸弁は東京弁じゃねんじゃねんかい？

（西くん）「ねんじゃねんかい」が、そもそも方言だで。

（東くん）うそだんべぇ。東京だって「ねんじゃねん」ってゆんじゃねん。

（西くん）いいっこねぇさ。よぉく周りの人の話聞いてみぃ。

（西くん）いや、でっけぇ声で話しゃしねぇけど、僕が正しい日本語で話してやるよ。
（東くん）おめぇ、恥ずかしいからよ、でっけぇ声で話すなよ。
（西くん）そりゃぁ群馬県人と違うか。ときたま群馬県人もいるからな。
（東くん）あれっ、今「ねぇじゃねぇ」って言ってた人がいたでぇ。

【第四話の意訳】
（東くん）君、よく話を聞いていれば、ずいぶん訛ってるね。
（西くん）そんなことはないよ。君の方が訛ってるよ。
（東くん）そうかな。俺はほぼ標準語だと思うよ。
（西くん）よくもぬけぬけと言うね。僕の方が標準語に近いと思うよ。
（東くん）第一に東京だって「べらんめぇ」と言うだろう。同じようなものだよね。
（西くん）「べらんめぇ」なんて話す東京人はどこにいるの。それは江戸弁だよね。
（東くん）そうだよ。江戸弁は東京弁のことだろう？
（西くん）「ねんじゃねんかい」がそもそも方言だよ。
（東くん）うそだろう。東京でも「ねんじゃねん」と言うだろう。
（西くん）言うわけはないよ。よく周りの人の話を聞いてみて。
（東くん）あれ、今「ねぇじゃねぇ」と話していた人がいたよ。

（西くん）それは多分群馬県人だよ。ごくまれに群馬県人もいるからね。

（東くん）君、僕が恥ずかしいので、大きい声で話をしないでくれる。

（西くん）いや、大きい声で話しはしないけれど、僕が正しい日本語で話してやるよ。

【第五話】先輩富岡氏と後輩甘楽君の会話
（甘楽君）こんちわ。近くに来たんで、ちっと寄ってんべぇと思ってきてみたい。

（富岡氏）よく来たのぅ。まぁなんもねぇけど寄んない。

（甘楽君）わりぃねぇ。そんじゃぁ上がらせてもらわい。

（富岡氏）足つん出してコタツにへぇりない。

（甘楽君）おかたはどうしたい。どっかいってるんかい？

（富岡氏）そうさぁ。しょっちゅうほっつき歩いててうちにゃいねんだい。

（甘楽君）うちのんもおんなしようなもんだい。おおか遊んでばっかしで、ゆんべはいいっくらになっちゃって、まぁず気分わりんだい。

（富岡氏）あんましけんかしねぇほうがいいでぇ。出て行っちゃったら困るだんべぇ。

（甘楽君）そらぁ困らいなぁ。うちのんがいなきゃ、おりゃぁなんもできねぇもんなぁ。

（富岡氏）おてんたらでもゆって、付き合っていぐんが一番だんべ。

（甘楽君）そうだいねぇ。おりゃぁ、うちのんになんか持っててってやんべぇ。

（富岡氏）そいじゃぁ、うちで柚《ゆず》がとくせぇなったんで、持って行ぎない。

（甘楽君）じゃぁくれてもらってもいいかい。うどんのこにでもすべぇ。

（富岡氏）そいじゃぁ、気よつけてけぇりない。おかたによろしくな。


【第五話の意訳】

（甘楽君）こんにちは。近くに来たので、少し寄っていこうと思ってきてみました。

（富岡氏）よく来たね。何もないけれど家に上がってください。

（甘楽君）わるいですね。それでは上がらせてもらいます。

（富岡氏）足をのばしてコタツに入りなさい。

（甘楽君）奥さんはどうしましたか。どこかへ出かけているのですか？

（富岡氏）そうなんだよ。始終遊び歩いていてふだん家にいないんだよ。

（甘楽君）わが家の妻も同じようなものさ。よく遊んでばかりいるので、昨晩は口げんかになってしまい、全く気分が悪いんだよ。

（富岡氏）あまり喧嘩しない方がいいよ。家出されたら困るだろう。

（甘楽君）それは困るよね。家内がいなければ、俺は何にもできないよね。

（富岡氏）お世辞でも言って、付き合っていくのが一番いい方法だろう。

（甘楽君）そうだね。俺は、家内に何か持っていってやろう。

（富岡氏）それでは、わが家で柚がいっぱい実ったので、持って行きなよ。
（甘楽君）では、いただいてもいいですか。うどんの薬味にでもしよう。
（富岡氏）それでは気をつけて帰りなさい。奥さんによろしく伝えてください。

【第六話】近所付き合いをしている大工の源さんと隣の奥さんの会話
（奥さん）棟梁、娘におさってパンケーキこしゃえてみたんでたべりぃ。
（源さん）わりぃねぇ。折角なんでお呼ばれしてもいいかい。
（奥さん）喰いない。たいしたもんじゃぁないけどさぁ。味はどうかねぇ？
（源さん）結構うんめぇねぇ。おりゃぁこんなハイカラなもんは初めて喰ってみたい。
（奥さん）こりゃぁ、なんかハワイ生まれで、今日本でもはやってるっちゅうよ。
（源さん）そうだんべぇ。おりゃぁこんなうんめぇもんは初めてだい。
（奥さん）コーヒーも飲んでみぃ。こらぁコナコーヒーとかゆんみちょうだい。
（源さん）粉のコーヒーなんかい？
（奥さん）これもハワイ産みちょうだよ。
（源さん）そうなんかい。どうもいつも飲んでるんと違うなと思ったい。
（奥さん）いつもいつもせっちょうばっかかけてるんでよんだんさねぇ。
（源さん）うんめんで、はぁ喰っちゃったい。どうもおごっつぉさまでした。

【第六話の意訳】
（奥さん）棟梁、娘に教えてもらってパンケーキを作ったので、食べてください。
（源さん）気を遣っていただき悪いね。折角なのでご馳走になってもいいかね。
（奥さん）食べてください。たいした物ではないけれど。味はどうですか？
（源さん）結構美味しいですね。おれはこんなハイカラな物は初めて食べてみたよ。
（奥さん）これは確かハワイ生まれで、今日本でも流行っているらしいですよ。
（源さん）そうだろう。おれはこんな美味しい食べ物は初めてだな。
（奥さん）コーヒーも飲んでください。これは確かコナコーヒーと言うようです。
（源さん）粉のコーヒーなのか？
（奥さん）これもハワイ産みたいですよ。
（源さん）そうなんだ。どうもいつも飲んでいる物と違うと思ったよ。
（奥さん）いつもいつも世話になってばかりいるのでお招きしたんですよ。
（源さん）美味しいので、もう食べてしまったよ。どうもごちそうさまでした。

【第七話】近所のおじさん同士の会話
（博さん）元気かい。しばらくだいね。今日はいい陽気だいねぇ。
（茂さん）あぁ、ほんとにいい天気だい。散歩かい？

（博さん）たまにゃ散歩でもしなきゃ、腰が痛くなってしょうねんだい。
（茂さん）そうだいなぁ。俺もよぉく動くようにしてるんさ。
（博さん）そうかい。けどしばらく会わなかったじゃねぇかい。
（茂さん）そうさ。しばらくうちのんと沖縄に遊びに行ってきたい。
（博さん）へぇ、沖縄にかい。ぬくとかったんべぇ。どのぐれぇ行ってきたんだい？
（茂さん）一週間べぇだけんど、いい所だいのぅ。
（博さん）けど、甘楽にゃぁ負けるだんべぇ。
（茂さん）でも、やっぱし旅行はいいもんだでぇ。あとでお土産届けらい。
（博さん）わりぃね。楽しみにしてらい。うちのんが待ってるんで行がなきゃぁ。
（茂さん）そいじゃぁ、また後でな。

【第七話の意訳】
（博さん）元気ですか。しばらくぶりですね。今日は陽気がいいですね。
（茂さん）はい、本当によい天気だね。散歩ですか？
（博さん）たまには散歩でもしなければ、腰が痛くなってしょうがなくて。
（茂さん）そうですね。俺もよく動くようにしているのですよ。
（博さん）そうですか。しかし、しばらく会わなかったよね。

（茂さん）そうなんです。しばらくの間、家内と沖縄へ遊びに行ってきました。

（博さん）ほう、沖縄に行ってきたの。暖かかったろう。どのくらい行ってきたのですか？

（茂さん）一週間ばかりだけれど、いい所だったよ。

（博さん）しかし、甘楽には負けるだろう。

（茂さん）それでも、やはり旅行はいいよ。あとでお土産を届けるよ。

（博さん）申し訳ないね。楽しみにしています。女房が待っているので行かなければ。

（茂さん）それでは、また後で会いましょう。

【第八話】一之宮貫前神社の初詣《はつもうで》で再会した知人女性同士の会話
（彩さん）華ちゃん、久しぶり。おめでとう。元気だった？
（華さん）元気げんき。彩ちゃん、ほんと久しぶりだよね。懐かしいねぇ。
（彩さん）そうだいね。いつ甘楽の方に帰って来たん？
（華さん）おとついだけど、旦那と娘も一緒なんさぁ。
（彩さん）そうなんだぁ。旦那さんと娘さんはどこにいるん？
（華さん）店見て来るって行ったんだけど、すぐ戻って来るんじゃないかねぇ。
（彩さん）そうなんだぁ。華ちゃんのところの息子さんはいくつになったん？

（華さん）十四歳だけど、もう親についてきないんだよねぇ。
（彩さん）あぁね。うちの息子だっておんなしようなもんだから、わかる。
（華さん）旦那と娘が戻ってきたんで紹介するね。
※第八話の意訳は、推して知るべしなので省略します。

九　最後の難関・甘楽弁習得査定

これからトライアルしてもらう試問は、これまでの甘楽弁を把握していれば、及第点を得られるのではないでしょうか。課題の文章を一度ていねいに読み込んだ後、何度か繰返して読んでみると、より理解が進むと思います。

なお、巻末の【甘楽弁言葉一覧】を一読してからトライアルに挑戦することをお勧めします。理解度がグーンとアップし、及第点への近道となることでしょう。

【試問文】（トライアル）

①甘楽の人だからって、みぃんな、ふりぃ言葉ばっか使っちゃぁいねんだいね。

②また、甘楽だけへんてこな言葉ばっかし、おおか残ってるっちゅうわけでもねんだい。

③上州弁となっからおんなしで、上州じゃぁどっこでも通じるんじゃねんかと思んだい。

④中にゃぁ、全国で使用されている言葉もとくせぇあるんで、まぁず知っちゃいねぇっちゅうもんはちっとんべぇじゃねぇかい。

⑤上州弁や甘楽弁にゃ、なまりやいいっぷりにへんちくりんなとこはあるんにちげぇねぇけど、抑揚は標準語にちけぇんで、ちっと気よつけりゃ、おおごとになんねぇでくっ

ちゃべることができるんだい。
⑥上州人や甘楽人にとっちゃぁ、おらほうの言葉はてぇげぇ共通語のぶっこぬきと信じてるんもいるんさねぇ。
⑦甘楽じゃぁ、だんだんっつ方言を使うもんが減ってきてるんだい。どこもおんなしだんべぇけど、わけぇしが都会に出て行っちゃうし、ひぃとりでぇになくなっちゃうんで、さみしいやね。
⑧けんど、標準語ばっかしで、おらほうの言葉つかぁねぇと息が詰まるんだいねぇ。仲間としゃいなし言いっこしてりゃぁ、気分もまっと晴れるんだい。
⑨何せぇ甘楽の人たちゃぁ、せっこうはいいしせっちょうやきが多いんで、ほんと、まぁんちがおかしんだい。
⑩こんれからも、田舎弁をさんざ使って、地域の宝を護《まも》っていぐんべぇ。まだまだ甘楽弁は死にゃしねぇよっちゅうところをみててくんない。
※以上の文章は、いろいろな世代の言葉を織り交ぜたものであって、今の甘楽でこれだけの言葉をひとりで使いこなす人はいないことでしょう。

◎次に試問文の意訳を掲載しますので、自己評価をしてランク判定してみてください。
①甘楽の人だからと言って、みんなが古い言葉ばかりを使っているわけではありません。
②また、甘楽だけに変わった言葉ばかりが多く残っているというわけでもないのです。
③上州弁とほとんど同じで、上州ならどこでも通用するのではないかと思います。
④中には、全国で使用されている言葉もたくさんあるので、全く知らないという者は少ないのではないでしょうか。
⑤上州弁や甘楽弁には、訛りや言い回しに変わっているところはありますが、抑揚は標準語に近いので、少し注意すれば、問題なく話すことができます。
⑥上州人や甘楽人にとっては、地域で使っている言葉は、ほとんど共通語に似ていて変わらないと信じている者もいるのですよ。
⑦甘楽では、少しずつ方言を使う者が減ってきています。どこも同じだろうと思いますが、若者が都会に出て行ってしまうし、自然と失われてしまうので、寂しい限りです。
⑧しかし、標準語ばかりで地域の言葉を使わないと息が詰まる感じです。仲間と冗談でも言い合っていれば、気分がもっと晴れるのです。
⑨何しろ甘楽の人たちは働き者で世話やきが多いので、本当に毎日が楽しいです。
⑩これからも、田舎弁をたくさん使って、地域の宝を護っていきたいと思います。まだまだ甘楽弁は死にはしないというところをみててください。

【自己評価・査定基準表】

理解度（自己評価）	査定	ランク	評価コメント
九割以上	特に優れている	名人級	甘楽で十分に活躍できるでしょう
七割～九割未満	優れている	特待生級	甘楽で十分に生きていけるでしょう
五割～七割未満	合　格	甘楽若者級	甘楽で問題なく生きていけるでしょう
三割～五割未満	再試可能	上州人級	もう一度目を通せば、合格間違いなし
一割～三割未満	もう少し	甘楽子ども級	甘楽で半年も暮らせば大丈夫でしょう
一割未満	がんばろう	要修行	甘楽で三年以上暮らすと習得できるでしょう

◎自己査定の結果はどうでしたか。

繰り返し読み返してみるか、評価コメントに従って行動ができれば、立派な甘楽人、またはバイリンガルになれることでしょう。

おわりに

『おかしんだいねぇ！　甘楽弁の世界』をお読みいただき、誠にありがとうございます。甘楽弁を通して、わが故郷・甘楽のイメージが持てたでしょうか。

ぼっとかすると、甘楽弁漬けになって、頭をおっこくられた感じの人もいるでしょうか。何となく親近感を覚えたという人がいるとすれば、それは本当に嬉しいことです。

私は、皆さんに群馬県には「甘楽」と呼ばれる地域があることを認識していただくだけでも満足していますが、そこにはさまざまな甘楽弁を使いながらも逞《たくま》しく生きてきた人々がいるということを、ご理解いただけたでしょうか。

甘楽弁の「おかしい（可笑しい）」には、いくつかの意味合いがあります。

全国的な解釈と大きく変わるわけではありませんが、私流の分析では、次の三つの側面があると感じています。

一つ目は、「はぁ?」というときの「嘘だろう、どこか違うんじゃないか」という側面です。二つ目は、「へぇ！」と驚嘆するときの「不思議だ、魂消《たまげ》た」という側面です。三つ目は、「ほぉ！」と感心・納得するときの「なるほど、面白い」という側面です。甘楽弁には、どの側面も含まれていると考えています。

全国には珍しい地名がたくさんあります。「甘」と「楽」が組み合わさっている甘楽も、まさにその一つではないでしょうか。私は文字だけでも魅力を感じています。

甘楽には、昭和初期に箏曲《そうきょく》家として活躍した宮城道雄氏が作曲した「甘楽民謡」という曲があります。作詞は地域の方で甘楽の自然や文化などを唄い込み、「甘楽甘楽でヨウガンショ」という合いの手が入ります。合いの手がとても脳裏に残る民謡です。

また、甘楽（甘楽郡と富岡市）は、有名な芸術家、芸能人、スポーツ選手など多くの著名人を輩出していますが、近年はタレントとして活躍中の井森美幸さんがいます。彼女は、甘楽郡下仁田町出身で、甘楽のイメージにぴったりの女性です。美人で醸し出す雰囲気すべてが甘楽の女性を象徴しているかのようです。

では、同じように男性は誰かというと、富岡市出身の芸能人・団しん也氏がイメージにぴったりです。彼は私よりも年長で富岡高校の大先輩になるので、若者は知らない人が多いかも知れませんが、日本屈指のエンターテイナーとして多岐にわたって活躍してきました。ユーモラスな語り口とその雰囲気が甘楽らしさを醸し出す人物なのです。

私は、ここまで拙い経験則から思いつくままに原稿をまとめてきましたが、「序にかえて」のところで記したように、日常話している言葉を文章にしてみると、自分はこんな言葉を使っていたのかと再発見し、これまで出会った他の都道府県の人には、相当困惑させたのかなと今さら猛省しているところです。悪意があったわけではないので、お許し願いたいと考えます。私は生粋の上州人であり、甘楽人なんだということも再発見することができました。

結びにあたり、甘楽に興味を抱いた方は、ぜひ一度、甘楽路を訪ねてみてください。甘楽人と交流してみると、甘楽のおかしさがなおさら理解できることでしょう。中には甘楽にはまって何度も訪れる方もいますし、田舎暮らしにあこがれ、永住する方もいます。

最後に、貴方様のご活躍と地域のご発展を、異郷の地から願っております。

併せて、現在世界中に蔓延する新型コロナウイルス感染症の一刻も早い終息を、心よりお祈り申し上げます。

なお、今回一般読者向けの図書として刊行できましたのも、文芸社の関係者各位はもとより、青山泰之氏、吉澤茂氏には温かな賛辞をいただき、きめ細やかなご支援を賜ったお蔭と厚く感謝申し上げます。

二〇二〇年（令和二年）十月吉日

ながれ　てんせい　記

参考文献

『群馬の方言』（一九八七年　群馬県教育委員会）
『群馬県甘楽郡史（復刻）』（一九九六年　本多亀三著　株式会社千秋社）
『甘楽町史』（一九七九年　甘楽町史編さん委員会）
『富岡市史・民俗編』（一九八四年　富岡市市史編さん委員会）
『妙義町誌』（一九九三年　妙義町誌編さん委員会）
『下仁田町史』（一九七一年　下仁田町史刊行会）
『南牧村誌』（一九八一年　南牧村誌編さん委員会）
『甘楽史観郷土の花影（富岡地方郷土史料）』（一九八八年　矢島太八著　国書刊行会）
『都道府県別全国方言辞典』（二〇一九年　佐藤亮一編　株式会社三省堂）

【甘楽弁言葉一覧】

甘楽でよく使用されてきた特徴的な言葉であり、すべてが方言というわけではありません。他の地域でも同様に使用される言葉があると思います。周辺で意識的に探せば、もっと面白い言葉が見つかるかも知れません。新しく発見した語彙《ごい》は、記録しておくことをお勧めします。

【あ】

あぁに〔あんなふうに〕
あぁね〔なるほどね〕
あい〔アユ〕
あいさ＝あいさっこ〔隙間〕
あいひょう〔行き違いになる〕
あかし〔灯り〕
あかっこ〔赤ん坊〕
あかのっぺぇ〔関東ローム層の赤土〕
あかんばよ〔ハヤのオス〕

あきねぇ〔①商い、②飽きない〕
あぐ〔あご〕
あくつ〔かかと〕
あくてぇ〔悪口〕
あぐろ〔あぐら〕
あさっぱか〔朝めし前の仕事〕
あさっぱら〔朝早く〕
あしっつるし〔あしながバチ〕
あじとり〔あやとり〕
あすこ〔あそこ、※江戸訛り〕

あすぶ〔遊ぶ〕
あたい〔私〕
あだけ〔あれほど〕
あっちぃ〔熱い〕
あっちかた〔向こうの方〕
あってこともねぇ＝あてこともねぇ〔多い・とんでもない・とほうもない〕
あてずっぽ〔いい加減な予想・山勘〕

あてにする〔頼りにする〕
あにぃ〔兄・兄さん〕
あねぇ〔姉・姉さん〕
あぶくぜに〔すぐ消えてしまうお金〕
あまったれる〔甘える〕
あまめ〔小さい山柿〕
あらいねぇ〔あるよね〕
あらく〔新しい開墾地〕
あらっぺぇ〔粗暴な〕
あらひろい〔人の欠点探し〕
ありっこねぇ〔あるわけがない〕
ありゃこりゃ〔あべこべ〕
ありゃしねぇ〔ない〕
ありんどう〔アリ〕
あれげぇに〔あれほどに〕
あれっちんべぇ〔わずか・ほんの少し〕
あんき〔心配ないこと〕
あんじゃぁねぇ〔心配ない・大丈夫〕
あんだけ〔あれだけ〕
あんとこ〔あそこ〕
あんなん〔あんなこと〕
あんべぇ〔具合・世話〕
あんまし〔あまり〕
あんめぇ〔ないだろう〕
あんもん〔甘い食べ物→和菓子〕

【い】

いい〔①よい、②いらない〕
いいあんばい〔①よい天気、②物事が順調〕
いいかんべぇ〔無責任・いい加減な人、「ええかんっぺぇ」とも〕
いいごん〔遺言〕
いいっくら〔言い争い・口げんか〕
いいばぐれる〔言いそびれる〕
いえごめぇ〔家ごとに〕
いきあう〔偶然に会う〕
いぎしな〔行く途中〕
いぎっぱぐれる〔行く時を失う〕
いぐ〔行く〕
いくじ〔何時〕
いけすかねぇ〔気にいらない〕
いごく〔動く〕
いざんめぇ〔行儀作法〕
いじくる〔指先で触る〕
いじる〔「いじくる」に同じ〕
いしま〔小石の多い畑〕
いちめぇがみ〔半紙〕
いっける〔上に載せる〕
いっこくもん〔変わり者・頑固者〕
いっさんに〔一度に〕
いっちくだっちく〔ちぐはぐ〕
いっちょうめぇ〔一人前・人並み〕
いってくるぐれぇ〔相当な開きや違いがあること〕
いってんべぇ〔行ってみよう〕
いっといで〔行ってらっしゃい〕
いっとう〔一等→一番・最高・最良・最も〕
いっとき〔ちょっとの間〕
いっぺぇ〔たくさん〕

いなように〔変なふうに〕
いび〔指〕
いびぃ〔煙い、「いぶい」とも〕
いびる〔もてあそぶ、「いじくる」に同じ〕
いぶせぇ〔危ない・危険〕
いぼる〔すねる〕
いめぇましい〔忌々しい〕
いん〔①いいか、②いいよ、※それでいん〕
いんがのこと〔意気地がない〕
いんごう〔頑固・頑固者〕
いんでみろ〔言ってみろ〕

【う】

うそげ〔うそっぽい、「うそっけぇ」や「うそっぺぇ」とも〕
うそこけ〔うそをつくな〕
うそっこ〔仮の勝負、※本当の勝負は「ほんこ」という〕
うそっこき〔うそつき〕
うち〔わが家〕
うちける〔のせる〕
うちのん〔①妻・家内、②夫や子〕
うっかく〔割る・折る〕
うっかける〔割れる〕
うっちらかす〔散らかす〕
うっぱしる〔行ってしまう、「おっぱしる」とも〕
うっぷく〔拭き取る〕
うでっこき〔力いっぱい〕
うでる〔茹でる〕
うどんこ〔小麦粉〕
うなう〔耕す〕
うなる〔怒鳴る〕
うぬ〔おまえ〕
うぶう〔背負う〕
うぶっつぁる〔おぶさる〕
うむ〔化膿する、「とがめる」とも〕
うめる〔水を入れて湯を冷ます〕
うらぁうらっちょ〔木のてっぺん・こずえ〕
うりてや〔商い屋・商店〕
うるしい〔嬉しい〕
うるぬく〔間引く〕
うろ〔立木の空洞〕
うんと〔たくさん・いっぱい、「んと」とも〕
うんといっぺぇ〔てんこ盛り・目いっぱい〕
うんとちっと〔ほんの少し〕
うんまかねぇ〔よくない〕
うんまける〔ぶちまける〕
うんめぇ〔うまい・おいしい〕

【え】

ええからかん〔いい加減・無責任〕
ええからかんぺぇ＝ええかんべぇ〔いい加減な人、「ええかんぺぇ」とも〕
えが〔栗のいが〕

えがぐり頭〔坊主頭〕
えごえご〔笑顔〕
えばる〔威張る、※えばってんじゃねぇよ〕
えぼ〔イボ〕
えらく〔たいそう〕
える〔選別する〕
えれぇ〔①偉い・立派な、②すごい・ずいぶん〕
えれぇこった〔一大事〕
えんこ〔幼児語→座る〕
えんしゅう〔火薬のこと〕

【お】

おあがりなすって〔①座敷に上がってください、②召し上がってください〕
おいでなんし〔いらっしゃい〕
おいぱなし〔放し飼い〕
おおか〔多く、※おおかねぇ〕
おおごと〔①体が辛いこと、②大変な問題〕
おおしんつく〔ホウシゼミ〕
おおふう〔気前がよい〕
おおまくれぇ〔大食い〕
おかい〔おかゆ、「おけぇ」とも〕
おかごたつ〔あんか〕
おかさく〔畑作〕
おかざり〔正月の飾り〕
おかた〔奥方・奥さん〕
おかて〔おかず〕
おかわ〔便器〕
おがんしょ〔神仏に願をかける〕
おくり〔奥〕
おけぇ〔おかゆ、「おかい」とも〕
おけぇこ＝おこさま〔蚕〕
おこじはん＝おこじゅはん〔おやつ・間食〕
おごっつぉ〔ごちそう〕
おこんじょ〔意地悪〕
おさぁる〔教えてもらう〕
おさき〔人にとりつく夜空のけもの〕
おさご〔神仏に供える米〕
おさんから〔空っぽ〕
おしたじ〔うどんやそばの汁〕
おしゃぁるく〔歩き回る〕
おせぇる〔教える〕
おたくら〔おしゃべりをする〕
おちゃよび〔お祝い→酒食を出す〕
おっかく〔折る・壊す〕
おつかれでがんす〔お疲れ様です〕
おっきりこみ〔切り込みうどん〕
おっくりけぇす〔折り返す〕
おっくりけぇる〔倒れる〕
おつけ〔おつゆ＝食事時の汁〕
おっこおす〔壊す〕
おっこくる〔押しやる・強く押す〕
おっこちる〔落ちる〕
おっしゃう〔押してしまう〕
おっしゃん〔住職〕
おった〔落ちる〕
おっつぁれる〔おこられる〕

【甘楽弁言葉一覧】

おっつくべ〔正座〕
おっつけ〔まもなく、※おっつけくるだんべ〕
おっつけひっつけ〔そのうち・続いて〕
おっつめ〔年の暮れ・年の瀬、「つめ」とも〕
おっぱじまる〔始まる〕
おっぱしる〔行ってしまう、「うっぱしる」とも〕
おっぱなす〔放す〕
おっぱめる〔はめる〕
おっぴしょげる〔つぶれる〕
おっぴろげる〔押し広げる〕
おっぺしょる〔折り曲げて折る〕
おっぺす〔押しつぶす〕
おつけ〔おつゆ＝食事時の汁〕
おてしょう〔小皿〕
おてんたら〔おべっか・お世辞〕
おてんま〔労働奉仕〕
おとうか〔キツネ〕

おとこし〔男衆→男性陣〕
おとつい〔おととい〕
おにし＝おにしゃ〔おぬし・そなた・あなた〕
おにむし〔カブトムシなどの総称〕
おねる〔荷物を結びつける〕
おはづけ〔白菜の漬け物〕
おはようがんす〔おはようございます〕
おひきべっとう〔ヒキガエル、「おひき」とも〕
おひゃらかし〔ひやかし〕
おひる〔昼ごはん〕
おぶっさる〔背負われる〕
おめぇ〔おまえ→あなた〕
おめぇぁ〔おまえは〕
おもしれぇだんべ＝おもしろかんべぇ〔面白いだろう、「おもしろかんぺぇ」とも〕
おやげねぇ〔かわいそう〕
およばれ〔ご馳走になること〕

おらぁ〔俺は、※昔は男女兼用〕
おらほう〔①わが家、②私の住む地域〕
おれのん〔俺の物〕
おれのんなん〔俺の物なのか〕
おれんっち〔俺んち→わが家〕
おろぬく〔間引く、「うるぬく」に同じ〕
おんか＝おんかはだけて〔人前で堂々と・公然と〕
おんなし〔①同じ、②女衆→女性陣〕
おんべかつぎ〔縁起をかつぐ人〕
おんまける〔捨てる・こぼす〕
おんまげる〔折り曲げる〕

【か】

かあし〔その代わり〕
かう〔①鍵を掛ける、②あてる〕
かきな〔菜の花〕
かくなす〔隠す〕

かくねっこ〔かくれんぼ〕
かくねる〔隠れる〕
かけりっこ〔かけっこ〕
がさ〔かさ・分量〕
かさっぺた〔かさぶた〕
かしがる〔曲がる・荷が傾く〕
かしょう〔誘う・勧誘する〕
かたす〔片付ける〕
かたっぴら〔片側〕
かつかつ〔時間いっぱい〕
かっこむ〔急いでご飯を口に入れること〕
がっちし〔がっちり〕
かって食べる〔おかずにして食べる〕
かてる〔加える〕
かなぁねぇ〔勝てない〕
かなかな〔ヒグラシ〕
がなる〔大きな声で言う・どなる〕
かねっくり〔茶色に実った栗の実〕
かまう〔①からかう、②世話をする〕
かまぎっちょ〔トカゲ〕
かみすり〔カミソリ〕
かやい〔かゆい〕
からっきし〔全く・全然〕
からてんぼう〔素手〕
かるっぽしい〔軽はずみ〕
かわっぺり〔川の縁〕
かわばる〔乾く〕
かわりばんこ＝かわりばんて〔交替・交互、「ばんてん」とも〕
かんくさん〔警察官〕
がんす〔…でございます〕
かんならす〔平にならす〕
かんます〔かき回す・かき混ぜる〕

【き】

きいきいむし〔カミキリムシ〕
きし〔限り・だけ、※これっきし〕
きたい〔①来たよ、②こっちに来たいの〕
きたん〔来ましたか、※何人来たん〕
きっかし〔ちょうど〕
きてん〔①来たいのか、②おいで・来なさい、※こっちぃ来てん〕
きない〔①来ない、②おいで・来なさい、③来ませんか〕
きびしょ〔急須〕
きゃぁ〔ますか〕
きゅうすなる〔①調子づく、②気を失う〕
きゅうで〔自由に使えるお金〕
ぎょうさ〔行儀作法、「いざんめぇ」とも〕
きりゃぁねぇ〔切りがない→際限がない〕

【く】

ぐ〔…していく、※遊んでぐ〕
くいで〔喰いごたえ〕

ぐえぇ〔具合〕
くえる〔土手などが崩れる〕
くすねる〔盗む、※古語〕
くせる〔小鳥などが続けて鳴く〕
くたびれる〔疲れる〕
くちぃ〔腹一杯で苦しい〕
くっかく〔口で割る〕
くったぎる〔噛《か》み切る〕
くっちゃべる〔喋る・話す〕
くっつぶす〔口でかみつぶす〕
くっつぶる〔眼をとじる〕
くになる〔気になる〕
くね〔垣根〕
くべる〔火の中に入れて燃やす、※古語〕
くらぁ〔くるよ、「くらい」とも〕
くらぁせる〔殴る〕
ぐらぁねぇ〔それほどでない〕
ぐらかす〔ごまかす〕
くるまっぽし〔関節〕
くるみぷし〔くるぶし〕

くるん〔来ますか〕
ぐれぇ〔くらい〕
くれやぁ〔ください〕
くれる〔やる、※くれらぁ〕
くろのっぺぇ〔黒土〕
ぐわい〔具合〕
くわれる〔虫に刺される〕
くんな＝くんない＝くんろ〔ください、※「くんなやぁ」は強調〕
くんのむ〔飲み込む、「のっくむ」「どっくむ」とも〕

【け】

げ〔…そう・らしい・みたい、※楽しげ、馬鹿げ〕
けぇす〔返す〕
けぇどう〔街道〕
げぇに〔強く〕
げえもなえ〔つまらない・やり甲斐がない〕
けぇる〔帰る〕

けったりぃ〔だるい〕
けつっぺた〔尻〕
げっぴ〔最後〕
げび〔下品んな・いやらしい〕
けぶ〔けむり〕
けぶってぇ〔けむたい〕
けもなく〔あっけなく〕
けもねぇ〔わけもない、やさしい〕
けんたかぶる〔気品が高い〕
けんつく〔強い言葉で出鼻を挫《くじ》く〕
けんど〔けれど〕
けんのん〔危ない〕

【こ】

こ〔①うどんなどの薬味や具、②おかず〕
こあい〔食べ物がかたい〕
こいだら〔これなら〕
こうこ〔たくあん〕
ごうちょう〔①かさばる、②無骨〕
こうに〔こんなふうに〕

こうべえ〔手早い〕
こえぇ〔①恐い、②かたい〕
こぎたねぇ〔汚い〕
こく〔①言う、②する〕
こごなる〔かがむ・しゃがむ〕
こごる〔糸が絡む〕
こさ〔①木のかげ、②小枝〕
こしこむ〔水の中に入り込む〕
こしゃう＝こしゃえる＝こせぇる〔作る〕
ごじょはん〔おやつ・間食、「おこじはん」に同じ〕
こじる〔てこを使って動かす〕
こすい〔ずるい・欲深い〕
こそっぺぇ〔なめらかでない〕
こたぁねぇ〔ことはない〕
こっちぃ〔こちらに、※こっちぃ来い〕
こっちんこ〔頭と頭のぶつけ合い〕
こっつぁみぃ〔小寒い〕
こてぇられねぇ〔快い・気持ちいい、「こてぇらんねぇ」とも〕
こないだ〔この間〕
こば〔隅っこ〕
ごふくじょ〔便所〕
こまっけぇ〔細かい〕
こまっちゃくれる〔生意気〕
これっきし＝これっきしゃ〔①これだけ、②これで終わり〕
これっちんべぇ〔こんな少し〕
こん〔こと〕
こんぐれぇ〔このくらい〕
こんこんさま〔キツネ〕
こんだ〔今度〕
こんだきり〔今度だけ・これっきり〕
こんなん〔こんなの〕
こんにゃろう〔この野郎〕
ごんぼう〔ゴボウ〕
こんめ〔ゆすらごの実〕
こんやく〔コンニャク〕

【さ】

さかさじし〔手指のささくれ〕
さがね〔使い古し〕
さがねる〔物を探す〕
さきんな〔先ほど、「さっき」とも〕
さくい〔気さくな〕
さくる〔クワで畑の畝《うね》をつくる〕
ざくれ〔割れ目〕
ささらほうさら〔さんざん〕
さっきんな〔「さきんな」に同じ〕
さっせぇ〔しなさい〕
さねぇ〔…だよ・ですよ、「さぁ」に同じ、※行ったんさねぇ〕
さびぃ〔寒い〕
ざまぁねぇ〔ぶざま〕
さみぃ〔寒い、「さびぃ」に同じ〕
さむけぼつ〔鳥肌〕
さんざ〔いっぱい・たくさん〕
さんざっぱら〔十分に〕
さんじゃんす〔参りました〕

さんぢらかし〔乱雑〕
さんとくいも〔じゃがいも〕
さんようづき〔土台がため〕

【し】

じぃとばぁ〔春蘭〕
しがた〔頃合い、※朝しがた〕
じができる〔学業成績が良いこと〕
しこう〔恰好〕
しちゃう〔してしまう〕
しったこっちゃねぇ〔知ったことではない→そんなの関係ない〕
しっちゃぁねぇ〔知っていない〕
じねえ〔前兆〕
じばくる〔すねる〕
しびびぃ〔カラスノエンドウ〕
しやぁがる〔ぬけぬけとする〕
しゃぁねぇ〔仕方がない、「しょうねぇ」とも〕
しゃいなし〔冗談・悪ふざけ・いたずら、「てんごう」とも〕
しゃじける〔ふざける〕
じゃじゃんぼ〔葬式〕
しゃつら〔顔〕
しゃやねぇ〔つまらない〕
じゃんけんさい〔じゃんけんをする時の女子の掛け声〕
じゃんぼん〔葬式〕
じゅうくう〔生意気・おませ〕
じゅんじゅく〔似合う・相応〕
しょうがねぇ〔仕方がない〕
しょうがんめぇ〔仕方ない〕
じょうくち〔上口→生意気な言い方〕
しょうねぇ〔「しゃぁねぇ」や「しょうがねぇ」に同じ〕
しょんぎ〔片足とび、「せんぎょ」とも〕
しょんべん〔小便〕
しりっこねぇ〔知るはずがない〕
じりやき〔お好み焼きに近い郷土食〕
しろ〔しなさい〕
じんじく〔似合う・相応、「じゅんじゅく」と同じ〕
しんぜる〔仏壇や神棚に供える〕
しんだんぼう〔死んだ人・死者を弔う形式〕
じんばら〔はらわた・内蔵〕

【す】

ずう〔繭を作る直前の蚕〕
すえ〔すあえ・なます〕
すえる〔食べ物が腐る〕
すぎやら〔杉林〕
すく〔敷く〕
すぐじ〔ちかみち〕
すげぇ〔すごい・とても〕
すこしっつ〔少しずつ〕
すっころぶ〔転ぶ〕
すっぺぇ〔酸っぱい〕
ずでぇ〔全く・ずいぶん・たいそう〕

すばな〔鼻水〕
すびる〔しぼむ・しなびる・縮む〕
ずらぁねぇ〔それどころではない〕
すらっといい〔しなくてよい〕
すりゃぁいい〔やればいい〕
する〔①賭けごとに負けること、②やる〕
すんで〔もう少し、※すんでのところで〕

【せ】

せえ〔呼吸・息、※せえが切れる〕
せえご〔しょいこ〕
せき〔余裕・余地〕
せっこう〔まめに働くこと、※せっこうがいい〕
せっちょう〔①世話・面倒、②くたびれる〕
せっちんでぇく〔上手でない大工〕
せつねぇ〔貧乏〕
ぜね〔お金・現金〕

せわぁねぇ〔問題ない・容易だ・難しくない〕
せわっか〔厄介な・おっくう〕
せんぎょ〔片足とび、「しょんぎ」とも〕
ぜんじぇ〔銭・お金、「ぜね」に同じ〕
せんぜぇ〔家の近くの野菜畑〕
せんな=せんに〔ずっと前のこと〕
せんひき〔ものさし・定規、※上州共通〕

【そ】

そいじゃぁ〔それでは〕
そいで〔そして・それで〕
そいでさぁ〔それでね・そして〕
そいでさい〔「そいでさぁ」に同じ〕
そうげ〔そうらしい〕
そうさぁねぇ〔簡単だ・たやすい〕
そうじゃあんめぇ〔本当かい・そうではないでしょう〕
そうだいねぇ〔①そうだよね・なるほど、②相づちの言葉〕
そうだんべぇ〔そうだろう〕
そうなん〔そうなの〕
そおっと〔静かに〕
そこいら〔その辺・近く〕
そそくれ〔ささくれ〕
そそむ〔涼む〕
そらっこと〔ほら話・作り話〕
そらっぺぇ〔うそつき・でたらめ〕
それんべぇ〔そんな少しばかりで〕
そんぐれぇ〔そのくらい〕
そんなん〔そんなこと〕

【た】

たぁくら〔でたらめ〕
たぁごと〔たわごと・つまらないこと〕
だぁやろう〔馬鹿野郎〕
だい〔①…だよ・です、②「な

ぜ」が付くと疑問詞扱い〕
だいどこ〔台所〕
だいねぇ〔…だよね・ですよ〕
だいのぉ〔…だよね〕
たかる〔付着する〕
たかんぼう〔竹の筒〕
たける〔くっつける・なすりつける〕
たけんま〔竹馬、「たかあし」とも〕
だしっこ〔お金を出し合うこと〕
たちゅうす〔餅をつく臼のこと〕
だっけ〔①なのか、②だよね〕
だでぇ〔…だよ、「だい」や「さねぇ」に同じ〕
たてじ〔家の棟上げ、「たてまえ」とも〕
たてっけぇし〔①風呂の沸かし直し、②煮込みうどんなどの温め直し〕
たてる〔①湯を沸かす、②鳥や獣が子をはやす〕
たのまいのぅ〔頼むよ〕

たべりぃ〔食べて〕
たまか〔倹約・節約する〕
たまぎる〔長い材木を一定の長さに切る〕
たまげる〔魂消る、※古語〕
たまりっこ〔水たまり〕
ためる〔ねらいを定める〕
だら〔…ならば、※話すんだら〕
たらずめ〔不足分〕
たんこもろ〔探鉱で掘られた穴〕
だんだんっつ〔だんだんと・少しずつ〕
たんびたんび〔たびたび〕
だんべ＝だんべぇ〔…だろう・でしょう〕
だんべや〔「だんべ」の強調〕
たんま〔遊び時の小休止＝タイムのこと〕

【ち】

ち〔家、※俺ん家〕

ちがわい〔違うよ〕
ぢくなし〔意気地なし〕
ぢくねる〔幼児の悪ふざけ〕
ちけぇ〔近い〕
ちっかん〔じゃんけんのこと〕
ちっけった＝ちっかっち＝ちっかんぽい〔じゃんけんをする時の掛け声〕
ちったぁ〔少しは〕
ちっちぇ〔小さい〕
ちっと〔少し・ちょっと〕
ちっとっつ〔少しずつ〕
ちっとんべぇ〔少しばかり・ほんの少し〕
ぢべた〔地面・土地〕
ちゃ〔…ては、※見ちゃいねぇ（否定で使用）〕
ちゃぁ〔①…しては、②…すれば、※肯定でも使用〕
ちゃう〔し終える〕
ちゃった〔してしまった、「ちゃ

う」の過去形〕
ちゃぶく〔破く、「ひっちゃぶく」とも〕
ちゅう〔という〕
ちょうす〔赤ん坊をあやす〕
ちょうずばち〔木製の洗面器〕
ちょちょうばこ〔チョウ〕
ちょっくら〔ちょっと・少し〕
ちょっぱな〔崖や石垣の先端〕
ちんぐはぐ〔ちぐはぐ・物がなかば揃っていない状態〕
ちんころ〔子犬〕
ちんちくりん〔釣り合わないでおかしい〕
ちんとろちげぇ〔血だらけ・血だるま〕

【つ】

ついとう〔ついに・とうとう〕
つえぇ〔強い〕
つきゃ〔しか、※押すっきゃねぇ〕

つぐあさ〔翌日の朝〕
づくなし〔意気地なし〕
つぐひ〔翌日〕
つげ〔人の死を知らせに行く人〕
つけあげ〔天ぷら〕
っつ〔ずつ、※ちっとっつ〕
っつぅ〔という・らしい、「ちゅう」に同じ〕
つっかすり〔かすり傷〕
づっくし〔よく熟した柿〕
つっこくる〔強く突く〕
つっつこ〔紙包み・風呂敷などで包んだ小包〕
つっとす〔突き通す〕
つっぺしこむ〔強く押し込む〕
つのんぎょう〔先のとがったもの〕
つのんでろ〔カタツムリ〕
つべたい〔冷たい〕
つましい〔節約する〕
つまじりぐい〔つまみぐい〕
つまじる〔指先でつまむ〕

つみっこ〔すいとん〕
つめ〔年の暮れ・年の瀬、「おっつめ」とも〕
つらばる〔連なる〕
つるさる〔ぶらさがる〕
つるべる〔個々の物を一つに連ねる〕
つんだす〔差し出す〕
つんつるてん〔①着物などの丈が短い、②坊主頭、※全国使用〕
つんのす〔よくのばす〕
つんのめる〔①よく滑る、②滑って前に転びそうになる〕
つんむぐり〔①水中にもぐる、②前屈みで丸まって回転する〕
つんもす〔燃やす〕

【て】

で〔量、※である〕
であんした〔出ました〕
てぇ〔…したい、※喰いてぇ〕
でえ〔奥の部屋〕

でぇ〔…よ、※いぐでぇ〕
てぇげぇ〔①大体、②いい加減〕
でぇじ〔大事・重要〕
でぇもん〔分家した一門〕
でえらんごんげ〔カタツムリ〕
てかてか〔火がよく燃えること〕
できもん〔はれもの・おでき〕
てごみ〔好きなだけ〕
てしっこ〔手に負えない〕
でっけぇ〔大きい〕
てっこはっこ〔蟻じごく〕
てっこもり〔山盛り、※一般的には「てんこ盛り」とも〕
てっぴやぐら〔無我夢中・一生懸命〕
てばたき〔拍手〕
でほうらく〔出まかせ・でたらめ〕
てめぇ〔おまえ〕
てわるさ〔手遊び〕
でんぐりけぇす〔ひっくり返る〕
てんぐるま〔肩車〕
てんげばんこ〔代わる代わる〕
てんごう〔悪ふざけ・いたずら、「しゃいなし」とも〕
てんずけ〔最初から・いきなり〕
てんで〔全く・実に・だいぶ・とても、※てんで話になんねぇ〕
てんでんこぅ〔個々別々〕
てんでんばらばら〔それぞれが思い思いに行動すること〕
てんぴしゃ〔いきなり〕
てんま〔ボランティア・奉仕作業、「おてんま」とも〕

【と】

とういと〔木綿糸〕
とうか〔キツネ、「おとうか」とも〕
とうかんや〔旧十月十日夜に行われた地域行事〕
どうけやろう〔馬鹿野郎、「だぁ野郎」とも〕
とうし〔常々〕
とうじる〔お湯で温める〕
どうつく〔強くたたく、「どっつく」とも〕
とうづめ〔長い材木を一定の長さに切る〕
とうなすかぶり〔ほおかぶり〕
とうねっこ〔仔馬〕
どうろくじん〔道祖神〕
とおかんべぇ〔遠いでしょう〕
とがめる〔化膿する、「うむ」とも〕
とぎ〔とげ〕
ときがり〔一時的に借りる小借金〕
とぐしんぼう〔とがった串〕
とくせぇ〔たくさん・いっぱい〕
とこば〔理容店〕
とっく〔ずっと前・以前〕
どっくむ〔飲み込む、「くんのむ」とも〕
とっけぇる〔取りかえる、「とっける」とも〕
とっけっこう〔交換し合うこと〕

とっけばんこ〔代わるがわる〕
とっける〔取りかえる〕
とっつかめる〔捕まえる〕
とっつき〔一番手前・最初の所〕
とっとく〔取っておく〕
とっぴょうしもねぇ〔とんでもない〕
ととのこ〔虎の子→大事にしているもの〕
どどめ〔桑の実〕
とびっくら＝とびっこ〔徒競走、「かけっこ」とも〕
とぶ〔走る〕
どぶてぇ〔太々しい〕
とほうずもねぇ〔とんでもない〕
とぼぐち〔家の入り口〕
とや〔鳥の休むところ〕
とんだこと〔取り返しのつかないこと〕
とんだことでがんした〔大変なことでしたね〕
とんでぐ〔走っていく〕

【な】

ない〔ませんか、※食べない〕
ないんさぁ＝ないんさねぇ〔ないんだよ〕
なかたげぇ〔仲違い〕
なから〔たいそう・たいへん・だいぶ・ずいぶん〕
なぎれる〔①機嫌がよくなる、②水や湯が一杯になってあふれる〕
なす〔借りた物を返す〕
なせぇ〔傾斜が緩やか〕
なっから〔「なから」に同じ〕
なめらっくじ〔ナメクジ〕
なりぃ＝なるい〔緩やか・きつくない〕
なんさぁ＝なんさねぇ〔…なんだよ、※ほんとはうそなんさねぇ〕
なるったけ〔できるだけ〕
なんじゃい〔何ですか〕
なんせぇ〔なにせ・何しろ〕
なんちゅうこんだい〔何ということだ〕
なんなん〔何なの・何ですか、※関西弁にも〕

【に】

にぃ〔…のに、※知ってるんにぃ〕
にえぇ〔におい〕
にかし〔苦にする・邪魔にする〕
にし＝にしゃ〔おぬし・そなた・あなた、「おにしゃ」とも〕
にたかよったか〔ほぼ同じようなもの〕
にちゅうはん〔中途半端〕
にねんまいり〔二年にまたがる上州の宮参り〕

【ぬ】

ぬいっこと〔裁縫、「ぬっつけ」とも〕
ぬきだれ〔雨だれ〕
ぬくてぇ〔温かい〕

ぬくとまる〔温まる〕
ぬけさく〔気の抜けたような人〕
ぬっつけ〔裁縫〕
ぬめっけぇ〔ぬるぬるしている〕
ぬりぃ〔ぬるい〕
ぬりでんぼう〔ぬるでの木〕
ぬるまってぇ〔ぬるい、「ぬりぃ」に同じ〕
ぬるまる〔ぬるくなる、※湯がぬるまる〕
ぬるめる〔ぬるくする〕

【ね】

ねぇ〔①ない、②他人を呼ぶときの掛け声〕
ねぇじゃねぇ〔ないよ・ないね〕
ねっちょり〔ねっとり〕
ねびってぇ〔眠い〕
ねん〔①ない、②ないか〕
ねんさぁ＝ねんさねぇ〔ないんだよ、※女性は「ないんさぁ」とも〕
ねんじゃねん〔ないのではないか→ないよね〕

【の】

のぅ〔①だよね、②呼びかけの声〕
のぅす＝のす〔①文句を言いに行く、②乗り物を運転する、③乗り物を速く走らせる、④こらしめる、⑤粉をこねて広げる〕
のたりだす〔だんだんと出てくること、※虫がのたりだす〕
のっかる〔乗る〕
のっくむ〔飲み込む、「くんのむ」とも〕
のっける〔上に乗せる〕
のっこす〔乗りこす〕
のっぷす〔覆いかぶさる〕
のっぺぇ〔火山灰土〕
のべがみ〔手製の木紙〕
のみかい〔飲み会→宴会、※上州共通〕
のめくる〔よく滑る〕
のめっこい〔なめらか〕
のめる〔滑る〕
のんのさま〔お月さまの幼児語〕

【は】

はぁ〔もう、※はぁけぇるんきゃ〕
はぁて〔風花〕
はがみっちょ〔恥ずかしがり屋〕
はがむ〔恥ずかしがる〕
はぎる〔切る〕
はぐさ〔雑草〕
はぐる〔めくる〕
はさみぐさ〔カタバミ〕
はさみっこみ〔すいとん、「つみっこ」に同じ〕
はしっけぇ〔素早い・抜け目ない〕
はたく〔叩く〕
はたっころがる〔つまずいて転ぶ〕
ばっか＝ばっかし〔ばかり〕

はっくそ〔歯垢《しこう》〕
はっくらす〔殴る〕
はっくるけぇす〔殴る〕
はっけぇす〔殴る、※悪いことをするとはっけぇすぞ〕
はっこくる〔殴る〕
はったぁす〔張り倒す〕
ばっちらげぇ〔奪い合う〕
はっとばす〔強く叩く〕
はっぴしょうぐ〔殴る〕
はねがり〔針金〕
はねる〔爆発する・はじける〕
はらあた〔はらわた・内臓〕
はらかあせ〔腹合わせ〕
はらっぴり〔お腹をくだすこと〕
はりえぇがいい〔張り合いがある・満足する〕
はるぎとう〔春祈祷＝年に一度開催される地域の寄り合い〕
はんけ〔作物の収穫が半分に減ること〕

ばんこばんこ〔そのたびごとに〕
ばんてん〔かわりばんこ、「かわりばんて」とも〕
はんのめす〔殴る〕
ばんばらい〔打ち上げ会〕
はんぺた〔半分・片側〕

【ひ】

ひいっぺぇ〔終日・一日中〕
ひぃとりでぇに〔自然と〕
ひぃる〔ヒル〕
ひざなか〔日中〕
ひさる〔後へさがる〕
びしょったねぇ〔汚い〕
ひだりぃ〔ひもじい・空腹〕
ひだりこぎ〔左利き〕
ひちっくどい〔くどい〕
ひちふり〔ふざけた振る舞い〕
ひっくりげぇし〔反対・あべこべ〕
ひっくりけぇす〔倒す〕
ひっこぐ〔引き抜く〕

びっしょたれ〔ずぶ濡れ〕
ひっちぎる〔切り離す〕
ひっちげぇる〔筋力を痛める〕
ひっちばる〔強くしばる〕
ひっちゃぶく〔強く破る、「ひっちゃばく」とも〕
ひっつぁく〔引き裂く〕
ひっつくむ〔しゃがむ〕
ひっつばる〔こわばる・表面が固まる〕
ひっつむ〔つねる〕
ひっつり〔やけどの痕〕
ひっとし〔同じ年〕
ひっぱしょり〔着物の裾を折り上げて帯にはさむ〕
ひっぺがす〔はぐ・はがす〕
ひとっきり〔一時・少しの間〕
ひとなつっけぇ〔人なつこい〕
ひとまけ〔一族、「いちまけ」とも〕
ひね〔古い・以前の〕
ひぼ〔紐〕

ひやっけぇ〔冷たい〕
びやむし〔シャクトリムシ〕
ひようとり〔日雇い人〕
ひょぅる〔反り曲がる〕
ひらっぺてぇ〔平らな・平たい〕
ひる〔する、※小便をひる〕
ひんぐるげぇし〔裏返す〕
ひんまげる〔曲げる〕
ひんむしる〔むしりとる〕

【ふ】

ぶうちん〔クワガタのメス〕
ぶきっちょ〔不器用〕
ぶすんづら〔不機嫌な顔・仏頂面〕
ぶたぐち〔口先をとがらす〕
ぶち〔メンコ〕
ぶちゃぁる〔投げ捨てる〕
ぶつ〔打つ〕
ぶつくさる〔ぶつぶつ言う〕
ぶっくらす〔殴る〕
ぶっけぇる〔倒れる〕
ぶっこぬき〔そっくり・瓜ふたつ〕
ぶっころがる〔転ぶ〕
ぶったてる〔火をあおる〕
ぶっちげぇ〔交差させる〕
ぶっつかる〔衝突する〕
ぶっつけ〔メンコ、「ぶち」とも〕
ぶっつける〔物に当てる〕
ふてね〔不機嫌で働かないで寝る〕
ふぬけ〔まぬけ〕
ふやける〔水に浸して軟らかになる〕
ふり〔身なり〕
ふるってる〔気取ってる〕
ふんぐるけぇし〔踏み外す〕
ふんごくる〔蹴る・蹴るように踏み込む〕
ふんごねる〔畑などを踏み固める〕
ふんごみ〔落とし穴〕
ふんごむ〔踏み込む・入ってしまう〕
ふんじばる〔しばる〕
ぶんずう〔さやえんどう〕
ふんだらげる〔踏みちらす〕
ふんとう〔本当〕
ふんどしかぶり〔妻の尻にしかれている夫のこと〕

【へ】

へいき〔平気・大丈夫〕
へぇ〔①ハエ、②灰、③塀、④そうなんだ〕
べぇ〔①ましょう、※くうべぇ、②ばかり、※ちっとんべぇ〕
へぇたらじぃ〔カマキリ〕
へぇづる〔はいまわる〕
へぇる〔入る〕
へずる〔上まえをはねる・少し取る〕
へたぁすりゃぁ〔ひょっとすると〕
へちょへちょ〔めそめそ泣く〕
へっくそ〔へその垢《あか》〕

べっとう〔カエル〕
へっぴりむし〔カメムシ〕
へらずぐち〔余分なおしゃべり〕
べろ〔舌〕
へん〔辺り〕
へんちくりん＝へんちょこりん〔奇妙・変なこと〕
へんてこ＝へんてこりん〔「へんちくりん」に同じ、※全国使用〕
べんとかん〔クリガタムシ〕

【ほ】

ほきる〔草木が勢いよく伸びる〕
ほじくる＝ほじる〔ほる、※鼻をほじくる〕
ほそっけぇ〔細い〕
ぼっこうす＝ぼっこわす〔ぶっこわす〕
ぼっち〔しょうざうどんの塊の単位、※一ぼっち、二ぼっちと数える〕
ほっつきあるく＝ほっつく〔あちこちを歩き回る〕
ぼっと〔偶然〕
ぼっとかして〔偶然に・もしかすると、「ぼっとかすると」も同じ〕
ほっぽかす〔放り投げる〕
ほとばす〔水に浸す・水につけてふやかす〕
ほとびる〔水がよく浸みる〕
ほんこ〔正式な勝負、「ほんとっこ」とも、※仮の勝負は「うそっこ」という〕
ほんなげる〔放り投げる〕
ぼんのくぼ〔首の後ろのくぼみ〕
ほんもん〔本物〕

【ま】

まぁず〔全く・ずいぶん・本当に〕
まぁせんぼう〔馬小屋の出口をふさぐ丸太棒〕
まぁんち〔毎日〕
まい〔①繭、②眉〕
まいげ〔眉毛〕
まいだま〔①繭玉、②繭玉を擬して作った団子、※正月のどんど焼きでまいだまを焼き無病息災を祈った〕
まがりっと〔曲がり角〕
まくる〔持ち上げて転がす〕
まくれぇ〔大食い、「おおまくれぇ」とも〕
まけ〔一族〕
まける〔捨てる・こぼす〕
まごつく〔あわてる〕
まじぃ〔まずい〕
まじっぺぇ〔まぶしい〕
まつこごり〔松かさ・松ぼっくり〕
まっさか〔実に・本当に・とて

も・すごく〕
まっと〔もっと〕
まて〔実直〕
まるく〔束ねる〕
まるっきしゃ〔まるっきり〕
まるまる〔うずくまる〕

【み】

みぃ〔…みなよ、※食べてみぃ〕
みぃしみて〔気を引き締めて・真面目に・しっかりと〕
みぎっこぎ〔右利き〕
みさっせぇ〔見てごらん〕
みしみる〔身に染みる→深く感じる・真面目に行う〕
みずくれ〔水やり〕
みせてみぃ〔見せてごらん〕
みせてん〔見せてくれる〕
みそっかす〔鬼ごっこやかくれんぼで幼い子が鬼にならない特別ルール〕

みちょう〔みたい・らしい、「みてぇ」とも〕
みっける〔見つける、「めっける」とも〕
みてぇ〔「みちょう」と同じ〕
みてっくれ〔外見・ていさい〕
みない〔見てください〕
みみっくそ〔耳垢〕
みみっちぃ〔けちんぼ〕
みながぁ〔わらで織ったうすべり、※蚕具の一つ〕
みんみん〔ミンミンゼミ〕

【む】

むかっぱら〔急に腹をたてること〕
むぎゃら〔麦わら〕
むぐす〔くすぐる、「もぐす」とも〕
むぐってぇ〔くすぐったい〕
むぐる〔もぐる・くぐる〕
むげぇ〔ひどい〕

むし〔…ですね〕
むせっけぇに〔無理に〕
むちゃっけ〔①無茶・無理、②無茶をする人〕
むてっこじ〔無茶・無鉄砲〕
むる〔漏れる、「もる」とも〕

【め】

めぇ〔①前、②繭〕
めぇかき〔繭かき、※繭をかき集める〕
めぇかけ〔前掛け〕
めぇこごみ〔前っかがみ〕
めぇっかた〔前の方〕
めぇでぇ〔手前の方〕
めぇねぇ〔見えない〕
めぇる〔見える〕
めぇんち〔前の家〕
めかご〔ものもらい〕
めた〔何度も・たくさん〕
めためた〔何度も・次々と〕

めっかる〔見つかる〕
めっくそ〔目やに、「めめっくそ」とも〕
めっける〔見つける〕
めっぱ〔ものもらい、「めかご」とも〕
めめず〔ミミズ〕
めめずっぱれ〔細長く腫れあがること〕
めめっこ〔きれいな子〕
めんぱ〔弁当箱〕
めんばいた〔麺をのす板〕
めんぼう〔麺をのす棒〕
めんめ〔麺類→主に甘楽では「うどん」をさす〕

【も】

もうぼれる〔老いぼれる〕
もぐじりこむ〔はいりこむ〕
もぐす〔くすぐる、「むぐす」とも〕
もじる〔曲げる・くねらせる〕
もす〔燃やす〕
もちなげ〔上棟式や祭りで餅をまくこと〕
もちにいく〔持ちに行く→取りに行く〕
もちゃげる〔持ち上げる〕
もちゃづけ＝もちゃっけ〔厄介・難儀・面倒〕
もっちょうする〔もてはやす〕
もってぇねぇ〔勿体ない・惜しい〕
もてる〔作物が株分けする〕
もとらねぇ〔うまく動かない〕
ものび〔祭りや行事で仕事を休む日〕
ももったま〔①股、②桃〕
もようあんべぇ〔雲が出て雨が降りそうになる〕
もる〔漏れる、「むる」とも〕
もろ〔むろ＝地下の室〕
もろび〔子どもを背負う帯〕
もん〔①物、②者〕
もんじゃねぇ〔問題にならない〕

【や】

や〔いや・嫌い〕
やきもち〔うどん粉をこねて焼いたもの、※上州名物〕
やきやき〔やきもきする・イライラする〕
やぎる〔焼く〕
やけっつり〔やけど〕
やごめぇ〔家ごと〕
やしまれる〔叱られる〕
やしむ〔叱る・怒る〕
やせぎっつ〔やせている人〕
やぞろい〔家並み・軒並み〕
やつ〔谷津→谷・地域・里〕
やっけぇ＝やっこい〔やわらかい〕
やっとこさ＝やっとこさっとこ〔やっとのことで〕
やっとこせ〔セミの幼虫〕

やっぱし〔やはり・やっぱり〕
やなあさって〔明後日の翌日〕
やなこった〔いやだよ〕
やなり〔地震や台風で家がきしむこと〕
やむ〔うずいて痛む〕
やんない〔しなさい・やりなさい〕
やんめ〔急性結膜炎・はやり目〕

【ゆ】

ゆううち〔その中でも〕
ゆくじもねぇ〔気が利かない〕
ゆこが〔ふろ桶〕
ゆすぐ〔すすぐ〕
ゆずり〔かたみ〕
ゆだる〔のぼせる、茹で上がる〕
ゆだれ〔よだれ〕
ゆっくら〔ゆっくり〕
ゆっつける〔①結び付ける、②告げ口する〕
ゆて〔入浴に使う手ぬぐい〕
ゆどの〔ふろ場〕
ゆるり〔囲炉裏〕
ゆん〔①言うの、②言うよ〕
ゆんべ〔昨晩〕
ゆんべしがた〔昨日の夕方〕

【よ】

よいじゃぁねぇ〔簡単でない・難しい・大変だ〕
よいっぱり〔夜遅くまで起きていること〕
ようがんしょ〔よいでしょう〕
ようがんす〔「いいよ」の古語〕
ようせぇ〔細くて弱々しい〕
ようだち〔夕立〕
ようっぱか〔夜なべ仕事〕
ようっぱり〔宵っぱり〕
よかんべぇ〔いいだろう〕
よくまぁ〔よくも〕
よこっぴん〔こめかみ・顔の横〕
よじける〔よろける〕
よしゃぁいんに〔よせばいいのに〕
よす〔やめる、※各地で使用〕
よすんべぇ〔やめよう〕
よそう＝よそる〔盛りつける〕
よた〔いたずら〕
よたっこ〔いたずらっ子〕
よたっぺぇ〔いたずらっぽい〕
よっこ〔余分・余計〕
よっぴてぇ〔夜通し・一晩中〕
よっぽど〔よほど〕
よなげる〔湯水でより分けること〕
よばれる〔ごちそうになる・招待される〕
よめっさく〔半端な畝《うね》切り〕
よもの〔ネズミ〕
よりえぇ〔寄り合い〕
よわる〔こまる〕
よんど〔よくよくのこと〕
よんべ〔昨晩・ゆうべ〕

【ら】

らぁ〔①…は、※おらぁ＝俺は、②…るよ、※やらぁ＝やるよ〕

らお〔キセルの篠竹《しのだけ》〕

らちがあきゃぁしねぇ〔仕事がはかどらない〕

【り】

りぃ〔…なさい、※食べりぃ〕

りきまれる〔叱られる〕

りゃぁ〔①…は、※おりゃぁ＝俺は、②…れば、※すりゃぁいいや〕

りょうがけ〔振り分けの荷〕

【る】

るすい〔留守番〕

るん〔…ますか、※知ってるん〕

【ろ】

ろくすっぽ〔ろくに・満足できない〕

ろっぽうせき〔水晶〕

【わ】

わがんま〔わがまま〕

わきゃねぇ＝わっきゃねぇ〔簡単だ・問題がない〕

わくさ〔カメムシ〕

わけぇし〔若者〕

わざぁと〔少しばかり・ほんの少し〕

わしゃ〔わたし〕

わっか〔①輪、②桶のたが〕

わにけぇる〔ばかをみる〕

わらじかけ〔じかたび〕

わらでっぽう〔十日夜に打つわらづつ〕

わりえぇ〔割合〕

わりかし＝わりかた〔割合に・わりに、※わりかしいい〕

わりめし〔ひきわり飯〕

わんぐり〔ぽっかり〕

【ん】

ん〔①返事の「うん」に同じ、②「の」に該当、※置いたん〕

んかい〔ですか、※だるいんかい〕

んきゃぁ〔ですか、※「んかい」の訛り〕

んと〔たくさん・いっぱい〕

んべぇ〔しよう、※行ぐんべぇ〕

んまげ〔うまそう・美味しそう〕

んめぇ〔うまい・美味しい〕

※以上の甘楽弁スキルを会得したならば、「はぁおにしゃぁまっさかぶっこぬきの甘楽人!」といえるでしょう。

著者プロフィール

ながれ てんせい（流石 天晴）

1955年　群馬県甘楽郡に生まれる
1974年　群馬県立富岡高等学校卒業
1978年　三重大学教育学部を卒業し、群馬県公立学校教員に採用される
1993年　文部省主催の中堅教員中央研修に参加
1995年　文部省海外教育事情視察（ドイツ・イギリス・カナダ）に参加
1996年　町村教育委員会事務局で社会教育主事を務める（6年間）
2002年　富岡市や甘楽郡内の小中学校で管理職を務める（14年間）
2016年　38年間にわたる教職生活を終え、定年退職となる
2018年　一族の歴史書『魂の継承』を出版
現在は、郷土史研究をはじめ、執筆活動や社会貢献活動に取り組む

群馬県「上毛かるた」利用許諾番号：許諾第02－02032号

おかしんだいねぇ！　甘楽弁の世界
知りゃあ知るほど不思議な上州弁

2020年10月15日　初版第1刷発行
2021年2月20日　初版第2刷発行

著　者　ながれ てんせい
発行者　瓜谷 綱延
発行所　株式会社文芸社
〒160-0022　東京都新宿区新宿1－10－1
電話　03-5369-3060（代表）
03-5369-2299（販売）

印刷所　株式会社フクイン

ISBN978-4-286-21999-8